100 RECETTES
POUR TOI
mon coeur

FONDATION
INSTITUT DE
CARDIOLOGIE
DE MONTRÉAL

100 RECETTES
POUR TOI
mon coeur

Les Éditions
Transcontinental

Un défi
relevé avec brio

Le mystère planait. Mis au défi de cuisiner pour la santé de notre cœur, et scrupuleusement surveillés par des experts en nutrition, qu'inventeraient donc les meilleurs chefs du Québec? Des curiosités à base de tofu et de fromages écrémés? De sages agencements de légumes? Renonceraient-ils aussi aisément à la crème, à l'huile ou au sirop d'érable?

C'était sans compter sur le savoir-faire de ces artisans exceptionnels qui savent doser, réinventer et miser sur les combinaisons inédites pour faire exploser les saveurs. Faisant ici la preuve que gastronomie et santé peuvent faire bon ménage, ces 10 toques présentent leurs créations: ***100 recettes gourmandes... en version allégée.***

Au final, chacune des recettes a été analysée par les diététistes du Centre de médecine préventive et d'activité physique de l'Institut de Cardiologie de Montréal, afin d'assurer sa conformité aux plus récentes normes en matière de saine nutrition. Sodium, lipides et glucides ont été regardés à la loupe, mais pas nécessairement mis au banc des accusés. Du Dos de saumon, pesto de pistaches et de fromage blanc de Jérôme Ferrer aux Biscotti au chocolat et aux amandes de Giovanni Apollo, nos chefs ont su rivaliser d'audace autant que de sagesse pour concilier bonheur gourmand et plaisir santé.

Avouons-le, depuis notre tendre enfance, nos papilles sont conditionnées à aimer le gras, le sucre et le sel, sans égard à leur impact sur notre bien-être. Et même des aliments pourtant sains peuvent réserver de mauvaises surprises. Par exemple, qui aurait pu soupçonner que les moules et les bettes à carde contenaient autant de sodium? (Toutefois, les amateurs trouveront ici, tout de même, deux recettes où elles sont apprêtées sainement et délicieusement.) Savoir qu'on peut compter sur l'expertise combinée de chefs et de nutritionnistes pour bien manger et mieux cuisiner, quel soulagement!

Bien sûr, il n'en tient qu'à vous de conjuguer ces recettes comme il vous plaira, selon que vous recherchiez des idées-repas de semaine ou cette spécialité gastronomique qui, le week-end venu, fera les délices de vos invités. Enfin, libre à vous d'improviser vos propres menus en mariant plats, sauces et accompagnements grâce à l'index pratique que vous trouverez en fin d'ouvrage.

Alors, succombez à la tentation:
il n'y a plus aucune raison de résister!

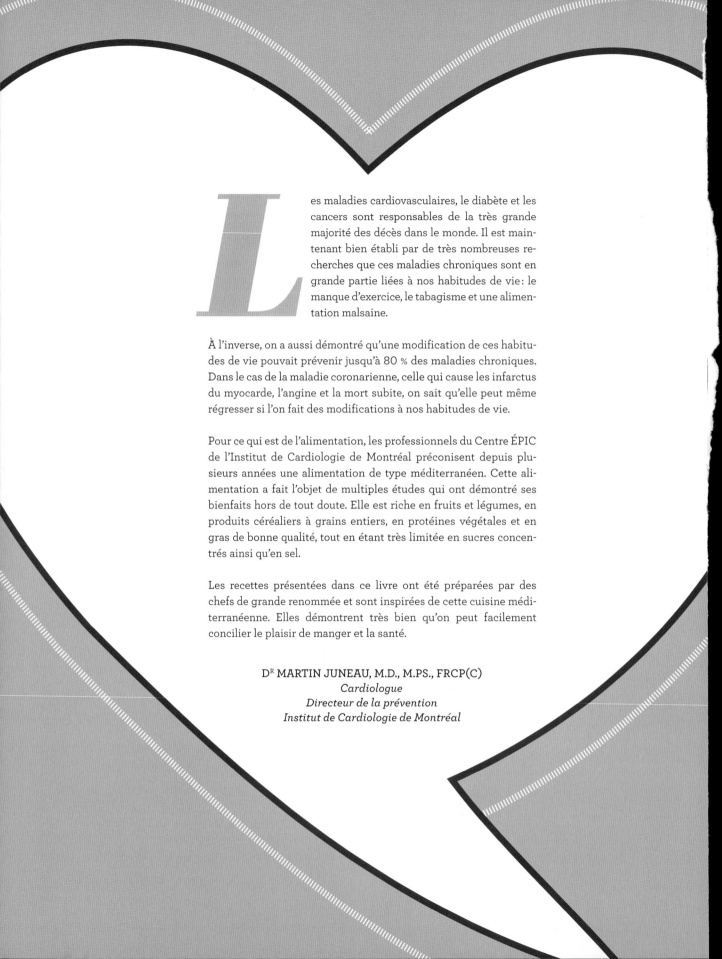

*L*es maladies cardiovasculaires, le diabète et les cancers sont responsables de la très grande majorité des décès dans le monde. Il est maintenant bien établi par de très nombreuses recherches que ces maladies chroniques sont en grande partie liées à nos habitudes de vie : le manque d'exercice, le tabagisme et une alimentation malsaine.

À l'inverse, on a aussi démontré qu'une modification de ces habitudes de vie pouvait prévenir jusqu'à 80 % des maladies chroniques. Dans le cas de la maladie coronarienne, celle qui cause les infarctus du myocarde, l'angine et la mort subite, on sait qu'elle peut même régresser si l'on fait des modifications à nos habitudes de vie.

Pour ce qui est de l'alimentation, les professionnels du Centre ÉPIC de l'Institut de Cardiologie de Montréal préconisent depuis plusieurs années une alimentation de type méditerranéen. Cette alimentation a fait l'objet de multiples études qui ont démontré ses bienfaits hors de tout doute. Elle est riche en fruits et légumes, en produits céréaliers à grains entiers, en protéines végétales et en gras de bonne qualité, tout en étant très limitée en sucres concentrés ainsi qu'en sel.

Les recettes présentées dans ce livre ont été préparées par des chefs de grande renommée et sont inspirées de cette cuisine méditerranéenne. Elles démontrent très bien qu'on peut facilement concilier le plaisir de manger et la santé.

DR MARTIN JUNEAU, M.D., M.PS., FRCP(C)
Cardiologue
Directeur de la prévention
Institut de Cardiologie de Montréal

100 RECETTES POUR TOI
mon cœur

Un des grands plaisirs de la vie est sans doute de déguster de bons plats, bien apprêtés et regorgeant de saveur. Et quel bonheur quand on peut harmoniser plaisir et santé !

Avec la complicité du Dr Martin Juneau, cardiologue et directeur de la prévention à l'Institut de Cardiologie de Montréal, ainsi que des diététistes du Service de nutrition clinique de la Direction de la prévention, 10 chefs réputés du Québec vous dévoilent leurs secrets pour le plus grand plaisir de vos papilles et la santé de votre cœur.

Merci aux chefs — qui ont gracieusement mis leurs talents au service de notre cause — ainsi qu'aux Éditions Transcontinental, nos précieux partenaires dans ce projet.

Enfin, merci à vous, chers épicuriens. En achetant ce livre, vous choisissez la santé pour votre cœur, en plus de contribuer à la mission de la Fondation de l'Institut de Cardiologie de Montréal ! Vous faites partie de la grande famille qui, chaque jour, appuie l'innovation et l'excellence de l'Institut, l'un des meilleurs centres de cardiologie du monde, mis au service de la communauté québécoise.

Bon appétit et bonne santé !

DANIELLE PAGÉ
Directrice générale

HENRI-PAUL ROUSSEAU
Président du conseil d'administration

FONDATION
INSTITUT DE
CARDIOLOGIE
DE MONTRÉAL

Table des *matières*

Anne Desjardins
et Emmanuel R. Desjardins, L'EAU À LA BOUCHE

Jérôme Ferrer, EUROPEA

Mélanie Gagnon, AUBERGE SAINTE-CATHERINE-DE-HATLEY

Ian Perreault, IAN PERREAULT PRÊTS-À-MANGER

Danny St Pierre, AUGUSTE

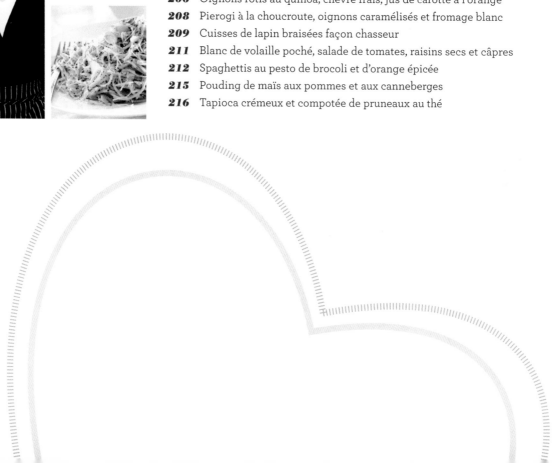

Giovanni Apollo

Apollo

1333, RUE UNIVERSITY, MONTRÉAL 514 274-0153

Giovanni Apollo possède un restaurant, un service de traiteur et une boutique gourmande. C'est pourquoi il étonne quand il affirme : « Je déteste la restauration, mais j'adore la cuisine. Manger au resto, c'est comme aller au cinéma. On devrait pouvoir y vivre une histoire et un moment d'émotion. » Inutile donc de visiter Apollo dans l'espoir d'y savourer toujours les mêmes spécialités, le chef se faisant un malin plaisir de tout chambouler selon ce qu'il a envie de cuisiner.

Notre toque-vedette a travaillé dans 23 pays avant d'arriver à Québec, où on l'avait invité à participer à l'ouverture du Capitole. De façon inattendue, il choisit de s'établir pour de bon. « Ici, on me permet de m'exprimer en cuisine et d'avoir ma propre identité. Un soir, si j'ai envie de cuisiner thaï, personne ne s'y opposera. Les Québécois forment une clientèle très avertie qui aime bien essayer. »

Auteur de quatre livres de cuisine, animateur et chroniqueur télé, Giovanni Apollo a tendance à mettre les bouchées quadruples. Malgré ses nombreux engagements, il prend même le temps de faire la tournée matinale des fournisseurs, du Marché Central aux douanes où il reçoit le poisson commandé à New York. Il se désole de ce qu'il voit trop souvent dans les étalages des supermarchés : sodium, nitrate, guar, etc. « On se fait passer beaucoup de choses par les gouvernements et les manufacturiers. Tous les aliments que nous offre la nature sont bons pour notre santé. Le problème est ce qu'on en fait. »

Fier de prouver qu'il est possible d'allier à la fois gourmandise et santé, le chef Apollo nous propose, en version allégée, 10 recettes qui ont su l'inspirer, ne serait-ce qu'un moment...

Entrées

Salade de fenouil et de clémentines à la lime

Casserole de moules aux tomates et à l'origan

Carpaccio de veau, roquette et vinaigrette balsamique

Plats principaux

Flétan du Pacifique aux olives

Tofu sauté à la japonaise

Mignons de wapiti, sauce à la vanille et aux mûres

Papillotes de mahi-mahi au gingembre mariné et au soya

Divers

Marinade au yogourt, aux herbes et aux noisettes

Desserts

Tarte aux bleuets et à la crème de fleur d'oranger

Biscotti au chocolat et aux amandes

« Manger au resto,
c'est comme aller
au cinéma.
On devrait pouvoir
y vivre une histoire
et un moment
d'émotion. »

ENTRÉE

Salade de fenouil et de clémentines à la lime

4 PORTIONS | PRÉPARATION : 15 MIN

2	bulbes de fenouil	2
2	clémentines	2
1	concombre, épépiné et coupé en petits cubes	1
1	oignon vert, émincé finement	1

Vinaigrette à la clémentine et au sésame

3	clémentines	3
	le jus de 1 lime	
2 c. à tab	huile d'olive	30 ml
1/2 c. à tab	huile de sésame	7 ml
1	pincée de sel	1
1	pincée de poivre	1

1. Émincer finement le fenouil à la mandoline. Réserver au frais dans un bol d'eau glacée.

2. Peler 2 clémentines et réserver.

3. Pour la vinaigrette à la clémentine et au sésame : extraire le jus des 3 clémentines. Fouetter ensemble le jus de clémentine, le jus de lime, l'huile d'olive et l'huile de sésame. Saler et poivrer.

4. Bien égoutter le fenouil et le transférer dans un saladier. Ajouter le concombre et l'oignon vert. Défaire les clémentines réservées en quartiers et les ajouter au saladier. Verser la vinaigrette, mélanger délicatement et servir aussitôt.

L'eau, source de santé

L'eau représente environ les deux tiers du poids corporel. Elle est indispensable à de nombreuses fonctions vitales : digestion, élimination des déchets de l'organisme, régulation de la température du corps. En moyenne, une personne élimine quotidiennement de 8 à 10 t (2 à 2,5 L) d'eau. En cas de déshydratation, les performances physiques et mentales chutent rapidement. Portez attention à votre soif et prenez l'habitude de boire régulièrement. Si vous n'aimez pas l'eau, ajoutez-y du citron ou de la lime, consommez des thés et des tisanes, ou augmentez votre consommation d'aliments ayant une teneur élevée en eau (soupes maison, fruits et légumes : tomate, concombre, melon d'eau, orange, etc.).

Casserole de moules aux tomates et à l'origan

4 PORTIONS | PRÉPARATION : 10 MIN | CUISSON : 15 MIN

2 lb	moules*	1 kg
2 c. à tab	huile d'olive	30 ml
2	échalotes grises, hachées	2
1/2 t	vin rouge sec	125 ml
2	belles tomates, épépinées et coupées en dés	2
2	branches de thym frais	2
1	petit bouquet de persil frais	1
1 c. à tab	origan	15 ml
	poivre	

1. Nettoyer les moules à l'eau froide et les ébarber en tirant d'un coup sec sur les filaments qui dépassent.

2. Dans une grande casserole, chauffer l'huile d'olive à feu doux. Ajouter les échalotes, le vin, les tomates, le thym, le persil et l'origan. Poivrer et porter à ébullition. Laisser mijoter pendant 10 minutes.

3. Ajouter les moules, couvrir et cuire environ 5 minutes en remuant de temps en temps. Retirer les moules une fois qu'elles sont ouvertes. Servir très chaud.

* Si vous devez surveiller votre consommation de sel, veuillez noter que les moules ont une teneur naturelle élevée en sodium.

Carpaccio de veau, roquette et vinaigrette balsamique

4 PORTIONS | PRÉPARATION : 10 MIN | CUISSON : 15 MIN | RÉFRIGÉRATION : 4 H

1 lb	filet de veau	450 g
3 c. à tab	huile d'olive	45 ml
1 c. à tab	vinaigre balsamique de bonne qualité	15 ml
1/4 c. à thé	fleur de sel	1 ml
	le jus de 1 citron	
	poivre noir frais moulu	
1 t	roquette	250 ml

1. Mettre de l'eau à frémir dans une casserole.

2. Placer le filet de veau sur une pellicule plastique et le rouler fermement (comme un bonbon) à trois reprises pour bien le sceller. Plonger le rouleau dans l'eau frémissante 15 minutes. Retirer de la casserole et réfrigérer pendant 4 heures.

3. Préparer la vinaigrette en mélangeant l'huile d'olive et le vinaigre balsamique. Réserver.

4. Déballer le filet de veau. À l'aide d'un grand couteau, découper de très fines tranches de filet et les disposer dans une assiette.

5. Assaisonner très légèrement de fleur de sel, de jus de citron et de poivre. Dans un bol, combiner la roquette et la vinaigrette. Servir le carpaccio accompagné de la salade.

||||||||||||||||||||||||||||||||||||||||||||||||||||||||||||||||||||||||||||||||||||

Flétan du Pacifique aux olives

||||||||||||||||||||||||||||||||||||||||||||||||||||||||||||

4 PORTIONS | PRÉPARATION : 10 MIN | CUISSON : 12 MIN

4	dos de flétan du Pacifique	4

Salade d'olives

2 c. à tab	huile d'olive	30 ml
10	olives noires, dénoyautées et hachées finement	10
2	échalotes grises, hachées	2
2	tomates, épépinées et taillées en brunoise	2
1	gousse d'ail, hachée	1
1 c. à tab	aneth frais, haché	15 ml
	poivre noir du moulin, au goût	

1. Préchauffer le four à 350 °F (180 °C).

2. Pour la croûte : dans un bol, combiner tous les ingrédients de la salade d'olives.

3. Déposer les dos de flétan sur une plaque de cuisson tapissée de papier sulfurisé et couvrir de la moitié de la salade d'olives.

4. Cuire au four de 10 à 12 minutes selon l'épaisseur du poisson. Servir, accompagné du reste de la salade d'olives et d'une salade verte bien vinaigrée.

Utilisée ici en croûte,
cette salade sera aussi
délicieuse servie
comme condiment
ou pour paner poissons
ou légumes cuits au four.

||||||||||||||||||||||||||||||||||||||||||||||||||||||||

Tofu sauté
à la japonaise

||||||||||||||||||||||||||||||||||||||||||||||||||||||||

4 PORTIONS | PRÉPARATION : 10 MIN | RÉFRIGÉRATION : 12 H | CUISSON : 6 MIN

1 lb	tofu ferme, en gros cubes de 1 po (2,5 cm)	450 g
2 c. à tab	sauce soya réduite en sodium	30 ml
2 c. à tab	eau	30 ml
1	gousse d'ail, hachée	1
1 c. à tab	gingembre frais, haché	15 ml
1 c. à tab	fécule de maïs	15 ml
1/4 t	eau froide	60 ml
1 c. à tab	huile de canola	15 ml
1	oignon vert, émincé	1
1	courgette, en fine julienne	1
	le jus de 1 lime	

1. Dans un bol, combiner le tofu, la sauce soya, l'eau, l'ail et le gingembre. Couvrir et laisser mariner 12 heures au réfrigérateur.

2. Égoutter le tofu à l'aide d'un tamis pour pouvoir filtrer et réserver la marinade.

3. Diluer la fécule dans l'eau et réserver.

4. Dans un poêlon, à feu vif, chauffer l'huile de canola. Faire colorer le tofu sur toutes les faces, puis ajouter la marinade et la préparation de fécule. Poursuivre la cuisson pendant 5 minutes à feu moyen.

5. Ajouter l'oignon vert et la courgette. Faire sauter 1 minute, arroser de jus de lime et servir aussitôt.

Le tofu, la protéine par excellence

Le tofu est issu du caillage de la boisson de soya à l'aide du chlorure de magnésium ou du sulfate de calcium. Sa consistance varie selon la durée de l'égouttage. Bon marché, il fournit une quantité intéressante de protéines (environ 12 g/100 g de tofu ferme), de fer, et même de calcium s'il est fabriqué avec du sulfate de calcium. À poids égal, il contient moins de calories, de matières grasses et de sel que le bœuf maigre. Comme il est d'origine végétale, il est exempt de cholestérol. On le compare souvent à une éponge car, une fois bien égoutté, il absorbe la saveur des autres ingrédients avec lesquels on le prépare.

Mignons de wapiti, sauce à la vanille et aux mûres

4 PORTIONS | PRÉPARATION : 10 MIN | CUISSON : 20 MIN

4	mignons de wapiti de 5 oz (150 g) chacun	4
2 c. à tab	huile d'olive	30 ml
1/4 t	mûres	60 ml
1	pincée de sel	1
	poivre noir du moulin, au goût	

Sauce à la vanille et aux mûres

1 c. à tab	huile de canola	15 ml
1	échalote grise, hachée	1
3/4 t	vin rouge	180 ml
1 t	fond de gibier ou fond de veau	250 ml
1/4 t	mûres	60 ml
1	gousse de vanille fendue en deux sur la longueur	1

1. Saler et poivrer les mignons de wapiti. Dans une poêle, chauffer l'huile d'olive à feu moyen et poêler les mignons 4 minutes de chaque côté. Retirer et laisser reposer sur une grille.

2. Pour la sauce à la vanille et aux mûres : dans une casserole, à feu moyen, chauffer l'huile de canola et faire blondir légèrement l'échalote. Ajouter le vin et faire réduire de moitié. Incorporer le fond de gibier, 1/4 t (60 ml) de mûres et la vanille. Faire réduire de nouveau de moitié jusqu'à ce que la sauce devienne sirupeuse.

3. Filtrer la sauce à l'aide d'un tamis fin tapissé d'étamine et la remettre à bouillir. Ajouter les mignons de wapiti pour les réchauffer 1 minute. Ajouter 1/4 t (60 ml) de mûres. Rectifier l'assaisonnement et servir immédiatement.

Essayez cette sauce
avec d'autres gibiers
grillés (cerf, bison, etc.).

Papillotes de mahi-mahi au gingembre mariné et au soya

4 PORTIONS | PRÉPARATION : 20 MIN | CUISSON : 10 MIN

1 t	carottes, en fine julienne	250 ml
3 c. à tab	gingembre mariné	45 ml
1 c. à tab	sauce soya réduite en sodium	15 ml
1 c. à tab	graines de coriandre	15 ml
4	morceaux de mahi-mahi de 5 oz (150 g) chacun	4
	poivre noir du moulin, au goût	
1/2 t	bouillon de légumes faible en sodium	125 ml

1. Préchauffer le four à 375 °F (190 °C).

2. Mélanger les carottes et le gingembre, puis ajouter la sauce soya et les graines de coriandre.

3. Déposer chaque morceau de poisson au centre d'un rectangle de papier sulfurisé de 12 po x 8 po (30 cm x 20 cm). Répartir la préparation de carottes sur les morceaux de poisson et poivrer. Plier les extrémités du papier de façon à former des papillotes (ne pas les fermer complètement).

4. Déposer les papillotes sur une plaque de cuisson et verser un peu de bouillon dans chacune. Fermer les papillotes hermétiquement.

5. Cuire au four pendant 10 minutes. Servir bien chaud.

Cette marinade
est idéale pour
les viandes blanches
ou les poissons.

DIVERS

Marinade au yogourt, aux herbes et aux noisettes

6 PORTIONS | PRÉPARATION : 5 MIN | MARINADE : 4 À 6 H

1 t	yogourt nature	250 ml
1/3 t	noisettes concassées	80 ml
	le jus de 1 citron	
1/4 c. à thé	sel	1 ml
1/2 c. à thé	poivre	2 ml
2	gousses d'ail, hachées finement	2
1/2 c. à thé	cumin moulu	2 ml
1/2 c. à thé	origan	2 ml
1 c. à thé	graines de coriandre	5 ml
1	branche de basilic, hachée	1
1	branche d'origan, hachée	1
1	branche de thym, hachée	1

1. Mélanger tous les ingrédients dans un bol.

2. Utiliser cette marinade pour faire mariner les viandes blanches ou les poissons dans un sac Ziploc de 4 à 6 heures au réfrigérateur.

DESSERT

Tarte aux bleuets et à la crème de fleur d'oranger

8 PORTIONS | PRÉPARATION : 15 MIN | CUISSON : 50 MIN | RÉFRIGÉRATION : 2 H

Croûte de tarte

1 t	farine tout usage	250 ml
1/2 t	farine de blé entier	125 ml
1/2 c. à thé	levure chimique (poudre à pâte)	2 ml
1/2 c. à thé	sel	2 ml
1 c. à thé	sucre	5 ml
1/4 t	huile d'olive	60 ml
1/3 t	eau froide	80 ml

Crème de fleur d'oranger

4 t	lait 1 %	1 L
	le zeste râpé de 1 orange	
	le zeste râpé de 1 citron	
1 c. à tab	eau de fleur d'oranger	15 ml
1/3 t	sucre	80 ml
6	œufs	6
1 c. à tab	farine	15 ml
1/2 t	bleuets frais	125 ml

1. Pour la croûte de tarte : dans un bol, combiner les farines avec la levure chimique, le sel et le sucre. Ajouter l'huile d'olive et l'eau graduellement, puis pétrir pour obtenir une pâte homogène. Laisser reposer 2 heures au réfrigérateur.

2. Pour la crème de fleur d'oranger : dans une casserole, chauffer à feu moyen le lait, les zestes et l'eau de fleur d'oranger jusqu'à ébullition. Dans un bol, fouetter énergiquement le sucre, les œufs et la farine jusqu'à ce que le mélange blanchisse. Verser graduellement le lait chaud sur les œufs tout en fouettant.

3. Préchauffer le four à 350 °F (180 °C).

4. Sortir la pâte à tarte du réfrigérateur et, à l'aide d'un rouleau à pâtisserie, l'étendre pour obtenir une abaisse de 9 po (23 cm) de diamètre. Tapisser un moule à tarte de la pâte.

5. Verser la crème dans la croûte, disposer les bleuets sur le dessus et cuire au four 40 minutes. Laisser refroidir avant de servir.

DESSERT

Biscotti au chocolat et aux amandes

ENVIRON 30 BISCOTTI | PRÉPARATION : 20 MIN | CUISSON : 40 MIN

1 t	farine de blé entier	250 ml
1 t	farine tout usage	250 ml
1/2 t	margarine non hydrogénée	125 ml
1 t	sucre	250 ml
2	œufs	2
1/2 t	cacao amer	125 ml
1 3/4 oz	chocolat noir 70 %, concassé	50 g
1 c. à thé	levure chimique (poudre à pâte)	5 ml
1/4 c. à thé	sel	1 ml
1 t	amandes mondées, grillées	250 ml

1. Préchauffer le four à 350 °F (180 °C).

2. Dans un grand bol, mélanger tous les ingrédients en les ajoutant un à un. Sur une surface farinée, pétrir la pâte jusqu'à ce que le mélange soit homogène.

3. Façonner la pâte en forme de pain allongé. Déposer sur une plaque de cuisson recouverte d'un papier sulfurisé. Cuire au four pendant 20 minutes. Sortir du four et laisser refroidir.

4. Abaisser la température du four à 300 °F (150 °C).

5. Couper le pain en tranches légèrement biseautées d'une épaisseur de 1/2 po (1 cm) et remettre au four pendant 20 minutes en les retournant à mi-temps. Laisser refroidir sur une grille avant de déguster.

Sébastien Harrison Cloutier

Bistro Bienville

4650, RUE DE MENTANA, MONTRÉAL 514 509-1269

Quand on demande à Sébastien Harrison Cloutier quel est son plat préféré, il répond – toque oblige – que c'est le spaghetti à la viande préparé avec des pâtes fraîches maison.

Le jeune chef d'origine franco-ontarienne propose une cuisine gourmande. Au Bistro Bienville, le beurre a droit de cité, mais les portions sont raisonnables, à l'image de la cuisine française à l'origine de la nouvelle bistronomie. « Je n'aime pas avoir la sensation désagréable d'avoir trop mangé », explique-t-il. Du même souffle, il avoue toutefois qu'à part le loup de mer barbecue qui figurait déjà au menu du bistro, il lui a fallu créer de nouvelles recettes santé pour ce livre.

Le Bistro Bienville est un restaurant de quartier qui offre une cuisine conviviale, dictée par les arrivages du marché. Dans un environnement intimiste, la clientèle peut profiter de la vue sur la cuisine ouverte, qui permet de voir la brigade à l'œuvre en tout temps.

Le jeune chef est fier de la table d'hôte qu'il qualifie d'actuelle sans être tendance : « Je ne ferai jamais de cuisine fusion ; je déteste ce mot. Je veux préparer des spécialités bien faites et savoureuses, comme notre tarte au homard ou notre contre-filet Angus à la béarnaise. Il me serait impossible de les retirer du menu puisque les habitués, qui mangent ici une ou deux fois par semaine, s'attendent à les y retrouver chaque fois. »

À votre tour de les découvrir !

« Je veux préparer
des spécialités bien
faites et savoureuses,
comme notre tarte
au homard ou notre
contre-filet Angus
à la béarnaise. »

Entrées

Risotto multigrain aux épinards

Blinis de pois chiches et tartare de saumon à la menthe

Salade de lentilles germées, noix de Grenoble et haricots verts

Soupe de courgettes aux noix de pin, au tofu et à la pomme verte

Plats principaux

Goulache hongrois

Loup de mer barbecue et salade de couscous israélien

Poulet de Cornouailles en crapaudine,
légumes rôtis et tapenade d'olives

Desserts

Crémeux au chocolat 70 % et bleuets

Chai glacé au soya

Shortcakes aux fraises

ENTRÉE

Risotto multigrain aux épinards

8 PORTIONS | PRÉPARATION : 10 MIN | CUISSON : 1 H 20 MIN

C'est la qualité du bouillon qui fait toute la différence dans un risotto. Si vous manquez de temps, vous pouvez employer un bouillon de légumes du commerce faible en sodium plutôt que la version maison proposée ici, mais le plat sera moins savoureux.

Bouillon de légumes maison

3	carottes	3
1 1/2	oignon	1 1/2
1	poireau	1
1/2	céleri	1/2
2	branches de thym	2
2	feuilles de laurier	2
10	grains de poivre	10
8 t	eau	2 L

Risotto

1/2	oignon	1/2
1 c. à tab	huile d'olive	15 ml
1 t	orge	250 ml
1/2 t	épeautre	125 ml
2	carottes	2
1/2 t	flocons d'avoine	125 ml
1/2 t	boulgour	125 ml
2 t	jeunes épinards	500 ml

1. Pour le bouillon de légumes maison : faire une mirepoix en coupant en dés les carottes, l'oignon, le poireau et le céleri.

2. Déposer le tout dans une grande casserole. Ajouter le thym, le laurier, les grains de poivre et l'eau. Laisser mijoter à feu doux 40 minutes. Passer au tamis et réserver le bouillon au chaud.

3. Pour le risotto : couper finement le demi-oignon. Dans un poêlon, à feu doux, chauffer l'huile d'olive et cuire jusqu'à ce qu'il soit transparent. Ajouter l'orge et l'épeautre en remuant bien pour enrober les grains d'huile.

4. Cuire les grains à la façon d'un risotto. Couvrir de bouillon de légumes chaud et laisser frémir. Quand l'orge commence à absorber le liquide, couvrir de nouveau de liquide et remuer. Répéter cette opération pendant 10 minutes.

5. Pendant ce temps, couper les carottes en fine macédoine. Ajouter au mélange de grains, avec l'avoine et le boulgour. Couvrir de nouveau de bouillon de légumes et cuire, en répétant cette opération aussi souvent que nécessaire, jusqu'à ce que les grains soient cuits et que le tout ait la texture crémeuse d'un risotto.

6. Au moment de servir seulement, incorporer les épinards pour les attendrir sans trop les cuire.

ENTRÉE

Blinis de pois chiches et tartare de saumon à la menthe

4 PORTIONS | PRÉPARATION : 20 MIN | REPOS : 1 H | CUISSON : 10 MIN

Blinis de pois chiches

1 c. à tab	levure sèche (de type Fleischmann's)	15 ml
1 t	lait 2 %, tiède	250 ml
2/3 t	farine de blé entier	160 ml
2	œufs	2
2/3 t	farine de pois chiche	160 ml
1 c. à tab	huile de canola	15 ml

Tartare de saumon à la menthe

14 oz	saumon	400 g
1/4 t	yogourt grec nature 0 %	60 ml
2 c. à tab	menthe fraîche, hachée	30 ml
2 c. à tab	persil frais, haché	30 ml
2	oignons verts, hachés	2
2 c. à tab	ciboulette fraîche, hachée	30 ml
	le zeste râpé de 1 citron	

1. Pour les blinis de pois chiches : déposer la levure dans un grand bol. Ajouter le lait tiède pour le délayer. Verser la farine de blé entier sur le tout et mélanger jusqu'à consistance homogène, sans plus. Couvrir d'un linge humide et laisser reposer dans un endroit tiède pendant 1 heure.

2. Séparer les œufs. À la pâte, intégrer les jaunes d'œufs et la farine de pois chiche.

3. À l'aide du batteur électrique, battre les blancs d'œufs en neige et les incorporer à la pâte à la spatule.

4. Frotter une petite poêle avec l'huile et chauffer à feu moyen. À l'aide d'une louche, verser environ 2 c. à tab (30 ml) de pâte dans la poêle et cuire des deux côtés à la manière d'une crêpe. Retirer et laisser refroidir. Procéder de la même manière jusqu'à épuisement de la pâte. (On obtiendra environ de 8 à 10 blinis.)

5. Pour le tartare de saumon à la menthe : couper le saumon en petits dés. Combiner avec le reste des ingrédients en mélangeant délicatement. Garnir chaque blini de 1 c. à tab (15 ml) de tartare et servir aussitôt.

Pourquoi la vitamine D ?

Une étude récente a établi que 25 % des Canadiens ont un taux sanguin de vitamine D inférieur au taux recommandé pour assurer la bonne santé osseuse en période hivernale. La vitamine D est une hormone qui intervient dans l'absorption du calcium et du phosphore. L'alimentation et l'exposition aux rayons ultraviolets du soleil représentent respectivement les deux tiers et le tiers de nos sources en vitamine D. Vous pouvez augmenter votre consommation de cette précieuse vitamine en consommant du poisson (ex.: espadon, saumon, truite, thon et hareng) ainsi que du lait et des boissons de soya enrichis. En plus d'avoir un effet favorable sur les os, la vitamine D contribuerait à la réduction de certains cancers et du risque d'infections, de diabète et de maladies cardiovasculaires.

ENTRÉE

Salade de lentilles germées, noix de Grenoble et haricots verts

4 PORTIONS | GERMINATION : 48 H | PRÉPARATION : 10 MIN | CUISSON : 20 MIN

1 t	lentilles*	250 ml
1/2 lb	haricots verts ou jaunes	250 g
1/2 t	noix de Grenoble	125 ml
	quelques tiges de persil frais, hachées	
	quelques tiges de ciboulette fraîche, hachées	
4 c. à thé	huile d'olive	20 ml
	le zeste râpé et le jus de 1 citron	
1	pincée de sel	1
1	pincée de poivre noir du moulin	1

1. Rincer les lentilles, puis les déposer dans un bol et les couvrir d'eau. Faire tremper 24 heures à température ambiante.

2. Égoutter les lentilles dans une passoire, puis les rincer. Recouvrir la passoire de papier d'aluminium pour cacher les lentilles de la lumière et, à température ambiante, les laisser germer 12 heures. Répéter ces opérations : rincer, couvrir et laisser reposer encore 12 heures.

3. Dans une grande casserole d'eau bouillante légèrement salée, faire blanchir les haricots quelques minutes en s'assurant qu'ils conservent leur croquant. Si on utilise des haricots verts, les transférer quelques secondes dans un grand bol rempli d'eau froide et de glaçons afin de fixer leur couleur.

4. Préchauffer le four à 375 °F (190 °C). Déposer les noix de Grenoble sur une plaque de cuisson et faire rôtir au four environ 15 minutes en s'assurant de ne pas les laisser brûler.

5. Dans un grand bol, combiner les lentilles germées, les haricots, les noix et les fines herbes. Faire une vinaigrette en fouettant ensemble l'huile d'olive, le zeste et le jus de citron, le sel et le poivre. Verser sur la salade et servir.

* Comme la préparation des lentilles germées demande 48 heures, pourquoi ne pas doubler la quantité ? Vous en aurez ainsi sous la main à ajouter à vos salades ou à vos sandwichs. Les lentilles germées se conservent au moins une semaine au réfrigérateur.

Doit-on se méfier des gras ?

Les gras ne sont pas tous néfastes pour la santé. Les gras mono-insaturés et oméga-3 sont de bons gras qui ont un effet bénéfique sur le cholestérol sanguin. On trouve les gras mono-insaturés principalement dans l'huile d'olive, l'huile de canola, les noix et les avocats. Les poissons (gras de préférence : saumon, sardine, maquereau, etc.), la graine de chia, l'huile et la graine de lin, la noix de Grenoble et le soya sont les meilleures sources alimentaires d'oméga-3.

ENTRÉE

Soupe de courgettes aux noix de pin, au tofu et à la pomme verte

12 PORTIONS | PRÉPARATION : 10 MIN | CUISSON : 50 MIN

1/4 t	huile d'olive	60 ml
12	grosses courgettes, hachées grossièrement	12
3	oignons doux, hachés grossièrement	3
3	pommes de terre, pelées et hachées grossièrement	3
12 t	fond de volaille	3 L
1/4 t	noix de pin	60 ml
10 oz	tofu mi-ferme, émietté	300 g
1	pomme verte, en julienne	1
1/4 t	persil frais, haché	60 ml

1. Dans une marmite, chauffer un peu d'huile d'olive à feu doux. Ajouter les légumes et les faire tomber jusqu'à ce qu'ils commencent à s'attendrir sans coloration.

2. Ajouter le fond de volaille et laisser mijoter à feu doux environ 45 minutes, jusqu'à ce que les pommes de terre soient cuites.

3. À l'aide du mélangeur ou du pied-mélangeur, réduire le tout en purée et réserver.

4. Dans un poêlon sans gras, faire colorer les noix de pin en brassant le poêlon de temps en temps. Verser dans un bol et combiner avec le tofu, la pomme, le persil et le reste de l'huile d'olive.

5. Servir la soupe chaude, parsemée du mélange de noix et de tofu.

||||||||||||||||||||||||||||||||||||||||||||||||||||||||||||||||||||||||||||||||||||||||||||||||||||

Goulache hongrois

||||||||||||||||||||||||||||||||||||||||||||||||||||||||||||||||||||||||||||||||||||||||||||||||||||

6 PORTIONS | PRÉPARATION : 15 MIN | CUISSON : 1 H 5 MIN

1/4 t	huile de canola	60 ml
2	oignons espagnols, ciselés	2
1 1/2 lb	bœuf en cubes	750 g
1/4 t	paprika hongrois	60 ml
2 c. à thé	marjolaine	10 ml
2 c. à thé	graines de carvi	10 ml
2	gousses d'ail, émincées	2
2	grosses carottes, en macédoine de 1/2 po (1 cm) de côté	2
2	gros panais, en macédoine de 1/2 po (1 cm) de côté	2
1	bulbe de fenouil, émincé	1
5 t	eau	1,25 L
1 lb	pommes de terre, épluchées et coupées en macédoine de 1/2 po (1 cm) de côté	450 g
1	tomate, émincée	1
2	piments hongrois longs et doux, ou autres poivrons doux au choix, émincés	2

1. Chauffer l'huile à feu doux dans une grande casserole et faire tomber les oignons jusqu'à ce qu'ils soient translucides. Ajouter les cubes de bœuf et cuire à feu élevé jusqu'à coloration.

2. Saupoudrer la viande de paprika, de marjolaine, de carvi et d'ail et bien mélanger. Ajouter les carottes, le panais et le fenouil. Remuer et mouiller avec l'eau. Porter à ébullition, couvrir et cuire à feu doux environ 40 minutes, jusqu'à ce que la viande soit tendre.

3. Ajouter pommes de terre et cuire à découvert pendant 25 minutes. Incorporer la tomate et les piments, puis cuire 5 minutes. Servir avec du bon pain de seigle.

La salade de couscous est rafraîchissante et idéale pour accompagner les grillades. Elle est aussi délicieuse servie seule.

PLAT PRINCIPAL

Loup de mer barbecue et salade de couscous israélien

4 PORTIONS | PRÉPARATION : 10 MIN | CUISSON : 40 MIN

1	loup de mer de 2 lb (1 kg) environ, nettoyé	1
1 c. à thé	huile d'olive	5 ml
	poivre noir du moulin	

Salade de couscous israélien

1 t	couscous israélien de blé entier	250 ml
1/4 t	huile d'olive	60 ml
1	pincée de sel	1
1 1/4 t	eau bouillante	310 ml
2	concombres libanais, en petits dés	2
14	tomates cerises, coupées en deux	14
2/3 t	coriandre fraîche, hachée grossièrement	160 ml
3 c. à tab	vinaigre de xérès	45 ml
	poivre noir du moulin	

1. Préchauffer le barbecue à température élevée.

2. Pour la salade de couscous israélien : verser le couscous dans un bol et ajouter 1 c. à thé (5 ml) d'huile d'olive. Verser l'eau bouillante, recouvrir de pellicule plastique et laisser reposer 30 minutes.

3. Entre-temps, régler le barbecue à température moyenne. Badigeonner le poisson avec 1 c. à thé (5 ml) d'huile d'olive, saupoudrer du sel et poivrer au goût. Transférer dans un panier à poisson pour le barbecue et cuire 20 minutes de chaque côté, jusqu'à ce que la peau soit rôtie et croustillante.

4. Pendant ce temps, continuer à préparer la salade de couscous : mélanger le couscous cuit pour détacher les grains. Ajouter les concombres, les tomates cerises et la coriandre. Fouetter ensemble le reste de l'huile d'olive, le vinaigre de xérès et le poivre pour obtenir une vinaigrette. Verser sur la salade et mélanger délicatement.

5. Servir le poisson accompagné de la salade de couscous.

PLAT PRINCIPAL

Poulet de Cornouailles en crapaudine, légumes rôtis et tapenade d'olives

2 PORTIONS | PRÉPARATION : 10 MIN | CUISSON : 55 MIN

1	panais, pelé	1
1/4	céleri-rave, pelé	1/4
3	pommes de terre rattes	3
6	carottes, nantaises de préférence	6
2 c. à tab	huile d'olive	30 ml
1	poulet de Cornouailles de 1 lb (450 g)	1

Tapenade d'olives

1/3 t	olives vertes dénoyautées	80 ml
1 c. à tab	huile d'olive	15 ml
2 c. à tab	jus de citron	30 ml
3 c. à tab	poudre d'amande	45 ml

1. Préchauffer le four à 375 °F (190 °C).

2. Couper le panais en deux sur la longueur ou en quatre s'il est gros. Détailler le céleri-rave en tranches de 1/2 po (1 cm). Couper les pommes de terre en deux sur la longueur. Déposer dans un bol, ajouter les carottes et 1 c. à tab (15 ml) d'huile d'olive en mélangeant bien.

3. Disposer le tout sur une plaque de cuisson et, en retournant les légumes toutes les 10 minutes, faire rôtir au four de 20 à 30 minutes, jusqu'à ce que les pommes de terre soient cuites et rôties.

4. Entre-temps, pour faire le poulet en crapaudine, le déposer sur un plan de travail, poitrine vers le bas. À l'aide de ciseaux, couper le long de chaque côté de l'épine dorsale et la retirer. Retourner le poulet, l'ouvrir et, en appuyant avec les mains, l'écraser légèrement.

5. Dans un poêlon allant au four, chauffer 1 c. à tab (15 ml) d'huile d'olive à feu moyen. Cuire le poulet, côté peau dessous, jusqu'à ce que celle-ci soit bien dorée et croustillante. Retourner et finir la cuisson au four pendant 30 minutes.

6. Pour la tapenade d'olives : au couteau ou à l'aide du mélangeur, hacher très finement les olives en évitant de les réduire en purée. Ajouter 1 c. à tab (15 ml) d'huile d'olive, le jus de citron et la poudre d'amande en mélangeant bien. Servir froid, pour accompagner le poulet et les légumes rôtis.

Si vous surveillez
votre poids,
n'hésitez pas
à réduire
l'huile d'olive.

DESSERT

Crémeux au chocolat 70 % et bleuets

6 PORTIONS | PRÉPARATION : 10 MIN | CUISSON : 40 MIN

3/4 t	bleuets	180 ml
1/3 t	sucre	80 ml
6 1/2 oz	lait 2 %	200 ml
3	jaunes d'œufs	3
7 oz	chocolat noir 70 %	200 g
	bleuets frais (facultatif)	
	feuilles de menthe (facultatif)	

1. Laver les bleuets et les déposer dans une casserole avec la moitié du sucre. Cuire à feu moyen jusqu'à l'obtention d'une texture un peu plus liquide qu'une confiture. Verser dans 6 verrines et laisser refroidir.

2. Préparer une crème anglaise en portant d'abord le lait à ébullition dans une casserole à fond épais. Dans un bol, mélanger les jaunes d'œufs avec le reste du sucre. Verser graduellement le lait chaud sur le mélange d'œufs pour le réchauffer.

3. Verser le tout dans la casserole et chauffer à feu très doux, en remuant constamment à l'aide d'une spatule, jusqu'à ce que la crème épaississe. Glisser un doigt sur la spatule : si une ligne se forme, la crème est prête.

4. Déposer le chocolat dans un bol. Verser la crème sur le chocolat en la passant au tamis. Laisser reposer 3 minutes, puis remuer jusqu'à consistance homogène. Verser dans les verrines pendant que le chocolat est encore chaud.

5. Réfrigérer, puis garnir de bleuets frais et d'une feuille de menthe, si désiré. Servir froid.

Chai glacé au soya

4 PORTIONS | PRÉPARATION : 10 MIN | CUISSON : 5 MIN | RÉFRIGÉRATION : 1 H

1	morceau de gingembre de 1 po (2,5 cm) non pelé	1
1	bâton de cannelle	1
4	grains de poivre noir	4
3	clous de girofle	3
3	gousses de cardamome	3
2 c. à tab	thé noir indien	30 ml
2 t	boisson de soya nature	500 ml
2 t	eau	500 ml
2 c. à tab	sucre	30 ml

1. Couper le morceau de gingembre en deux. Chauffer une poêle à sec et faire colorer le gingembre légèrement. Réserver.

2. Dans un mortier ou un moulin à café, combiner les épices et réduire en poudre.

3. Dans une casserole, combiner le gingembre, les épices en poudre, le thé, la boisson de soya et l'eau. Porter à ébullition, retirer du feu et laisser infuser 3 minutes. Ajouter le sucre.

4. Filtrer le mélange à l'aide d'un tamis fin, tapissé d'un filtre à café si nécessaire. Réfrigérer pendant 1 heure.

5. Servir dans de grands verres avec des glaçons.

Garnis de fruits
au choix, nappés
de yogourt ou de sauce
au chocolat,
ces biscuits peuvent
être transformés
en de multiples
autres desserts.

DESSERT

Shortcakes aux fraises

8 PORTIONS | PRÉPARATION : 10 MIN | CUISSON : 25 MIN

Biscuits au babeurre

3 t	farine de blé entier	750 ml
2 1/2 c. à tab	levure chimique (poudre à pâte)	37 ml
1 c. à tab	sucre	15 ml
1/2 t	huile de canola	125 ml
2 t	babeurre	500 ml
2 3/4 c. à tab	eau	40 ml

Garniture

4 t	fraises	1 L
1 c. à thé	sucre	5 ml
3 t	yogourt grec nature 0 %	750 ml

1. Préchauffer le four à 400 °F (200 °C).

2. Pour les biscuits au babeurre : dans un grand bol, tamiser ensemble la farine, la levure chimique et le sucre.

3. Au mélangeur, combiner l'huile, le babeurre et l'eau. Verser sur les ingrédients secs et mélanger jusqu'à l'obtention d'une pâte uniforme.

4. Fariner légèrement le plan de travail. Déposer la pâte et la replier trois fois sur elle-même pour obtenir une boule. À l'aide d'un rouleau à pâtisserie, abaisser la pâte jusqu'à 1 po (2,5 cm) d'épaisseur. Couper 16 biscuits à l'aide d'un emporte-pièce rond de 2 po (5 cm).

5. Disposer les biscuits sur une plaque de cuisson et cuire au four 25 minutes. Retirer du four et laisser refroidir complètement.

6. Pour la garniture : quelques minutes avant de servir, laver et couper les fraises. Saupoudrer de sucre et laisser reposer pour qu'elles rendent leur jus.

7. Pour monter les shortcakes, couper les biscuits en deux sur la longueur et garnir le centre de fraises et de yogourt. Servir aussitôt.

Anne Desjardins
et Emmanuel R. Desjardins

L'Eau à la bouche

3003, BOUL. SAINTE-ADÈLE, SAINTE-ADÈLE 450 229-2991

Le terroir québécois lui doit une fière chandelle. Voilà 34 ans, Anne Desjardins — alors une jeune géographe passionnée par le lien entre l'aliment et son terroir — ouvre L'Eau à la bouche. En cette époque du Peace and Love où tout le monde rêvait de posséder une fermette, elle choisit plutôt de se lancer en restauration parce que « recevoir les amis, elle s'y connaît ».

« Je n'étais pas une chef. Alors, pour trouver des recettes, je lisais des livres, des magazines. Faut dire que l'époque n'était pas propice aux produits locaux, la culture de l'industriel régnait. La recherche de produits d'ici aura marqué tout mon cheminement », constate-t-elle aujourd'hui.

Chaque chef possède sa signature, selon Anne Desjardins. L'Eau à la bouche a ses allégeances culinaires. Le foie gras, le veau, les légumes-racines, les petits fruits, les fleurs comestibles, l'hydromel... : voilà autant de beaux produits que les foodies au courant associent à notre chef-vedette. Et pour cuisiner à la fois santé et local, chef, comment s'y prend-on ? « Il faut acheter des aliments frais, les transformer le moins possible et bien relever les saveurs. »

Cette passion pour la cuisine fraîcheur, Anne Desjardins l'a transmise à son fils Emmanuel : « Parallèlement à mon travail de chef dans le resto familial, j'aime créer des recettes santé pour des spas et des athlètes, comme les carpaccios de légumes qui sont proposés ici et dans notre menu bistro. »

Psst ! Si le cœur vous dit de passer vous gâter à L'Eau à la bouche, n'oubliez pas de prévoir un arrêt au spa de l'établissement. Le bien-être ne passe pas que par l'estomac...

« C'est la recherche de produits d'ici qui aura marqué tout mon cheminement. »

A. DESJARDINS

Entrées

Carpaccio de betteraves multicolores au chèvre et à la pomme

Carpaccio de truite à la semoule de chou-fleur et œufs de poisson

Asperges grillées au chèvre et aux amandes

Plats principaux

Filets de truite, duo de carottes à l'hydromel

Longe de bison, purée de panais et légumes du potager

Suprêmes de cailles poêlés aux épices, quinoa à l'orange

Sauté d'orge aux pétoncles, champignons et pommes

Tofu et légumes grillés au sésame et à la coriandre

Desserts

Soupe de cantaloup au gingembre et à l'hydromel

Verrines de fraises au basilic, gelée de cidre de glace

ENTRÉE

Carpaccio de betteraves multicolores au chèvre et à la pomme

4 PORTIONS | PRÉPARATION : 20 MIN | CUISSON : 40 MIN

1	grosse betterave rouge	1
8	feuilles de menthe fraîche	8
1	betterave jaune	1
1	pomme Empire	1
3 1/2 oz	fromage de chèvre frais*, émietté	100 g
1 t	jeune roquette	250 ml

Vinaigrette dijonnaise à l'érable

1 c. à tab	vinaigre de cidre non pasteurisé	15 ml
1 c. à thé	moutarde de Dijon	5 ml
1/2 c. à thé	sirop d'érable	2 ml
1	pincée de fleur de sel	1
3 c. à tab	huile d'olive vierge ou de canola	45 ml

1. Préchauffer le four à 400 °F (200 °C).

2. Envelopper la betterave rouge dans du papier d'aluminium. Cuire au four 20 minutes ou jusqu'à tendreté (vérifier la cuisson en insérant la pointe d'un couteau au centre). Retirer du four, laisser tiédir, puis éplucher la betterave en la frottant avec un papier essuie-tout.

3. Pour la vinaigrette dijonnaise à l'érable : fouetter ensemble tous les ingrédients de la vinaigrette et réserver.

4. Émincer 4 feuilles de menthe et réserver.

5. Trancher la betterave rouge et la disposer dans 4 assiettes.

6. Peler la betterave jaune crue. Râper ou tailler en fine julienne la betterave jaune et la pomme. Disposer sur les tranches de betterave rouge.

7. Garnir de fromage de chèvre, de la menthe émincée réservée et de roquette. Napper de vinaigrette. Décorer des feuilles de menthe et servir.

* Choisissez de préférence un fromage de chèvre renfermant 20 % de matières grasses ou moins.

L'huile, bonne pour la santé

La consommation d'huiles riches en oméga-3 (huiles de lin, de canola, de noix…) ainsi que d'huile d'olive est recommandée pour le bon fonctionnement des systèmes nerveux et cardiovasculaire. Afin de ne pas altérer leurs propriétés, il est important de les conserver dans des contenants en verre opaque ou en métal. Les bouteilles entamées doivent être mises au réfrigérateur, sauf l'huile d'olive qui se garde mieux dans un endroit frais dont la température varie de 59 à 64 °F (15 à 18 °C).

Carpaccio de truite à la semoule de chou-fleur et œufs de poisson

4 PORTIONS | PRÉPARATION : 30 MIN

1 1/2 t	chou-fleur, séparé en bouquets	375 ml
5 oz	truite crue, en petits dés	150 g
3 c. à tab	aneth frais, émincé (conserver le haut des feuilles pour la décoration)	45 ml
2	oignons verts, émincés	2
2 c. à thé	œufs de truite*	10 ml
1 c. à tab	boutons de marguerite marinés ou câpres	15 ml
	le zeste râpé de 1 citron	
20	petits pétales de fleurs (ex. : souci et centaurée) (facultatif)	20

Vinaigrette à l'érable et au tabasco

3 c. à tab	huile d'olive vierge	45 ml
1 c. à thé	jus de citron	5 ml
1/2 c. à thé	sirop d'érable	2 ml
1	pincée de sel	1
3	gouttes de tabasco	3

1. À l'aide du robot culinaire ou d'une râpe, transformer délicatement les bouquets de chou-fleur en semoule. Réserver.

2. Pour la vinaigrette à l'érable et au tabasco : fouetter ensemble tous les ingrédients de la vinaigrette.

3. Dans un bol, combiner les dés de truite et l'aneth.

4. Combiner la semoule de chou-fleur, les oignons verts et la vinaigrette.

5. Déposer la semoule dans une assiette ou une verrine. Garnir des dés de truite, d'œufs de truite, de boutons de marguerite, de zeste de citron, de l'aneth réservé et de pétales de fleurs.

* Vous pouvez remplacer les œufs de truite par d'autres œufs de poisson ou par du caviar.

VARIANTE

Pour servir en hors-d'œuvre, déposer le carpaccio dans des cuillères à soupe chinoises. Pour une entrée version moderne, servir dans des assiettes rectangulaires.

ENTRÉE

||||||||||||||||||||||||||||||||||||||||||||||||||||||||||||||||||||||||||||||||||||||||||||||||||||

Asperges grillées au chèvre et aux amandes

||||||||||||||||||||||||||||||||||||||||||||||||||||||||||||||||||||||||||||||

4 PORTIONS | PRÉPARATION : 5 MIN | CUISSON : 10 MIN

32	asperges vertes	32
1 c. à thé	huile d'olive	5 ml
1	pincée de fleur de sel	1
2 oz	cheddar de chèvre*, râpé	60 g
2 c. à tab	estragon frais, haché	30 ml
2 c. à tab	oignons verts, émincés	30 ml
2 c. à tab	amandes tranchées	30 ml
1 c. à thé	zeste de citron, râpé	5 ml

1. Préchauffer le four à 450 °F (230 °C).

2. Peler les asperges. Couper et jeter la base (environ le dernier tiers).

3. Dans une casserole d'eau bouillante légèrement salée, blanchir les pointes d'asperge de 2 à 3 minutes. Les transférer dans un bol rempli d'eau froide et de glaçons pour arrêter la cuisson, puis égoutter.

4. Badigeonner un plat à gratin d'huile d'olive. Déposer les asperges et saler légèrement. Cuire sur la grille supérieure du four pendant 5 minutes.

5. Retirer le plat du four et garnir de cheddar de chèvre, d'estragon, d'oignons verts et d'amandes. Passer ensuite sous le gril du four jusqu'à ce que le fromage soit fondu et doré.

6. Servir chaud, décoré de zeste de citron.

* Choisissez de préférence un fromage de chèvre renfermant 20 % de matières grasses ou moins.

Filets de truite, duo de carottes à l'hydromel

4 PORTIONS | PRÉPARATION : 10 MIN | CUISSON : 20 MIN

2 t	carottes, en biseaux	500 ml
4	filets de truite (environ 1 lb/450 g)	4
1	pincée de sel	1
2 c. à tab	huile d'olive vierge	30 ml
8	petits champignons de Paris, coupés en quatre	8
1 c. à tab	câpres*	15 ml
1 c. à tab	thym frais, haché	15 ml
2	oignons verts, émincés	2

Sauce aux carottes et à l'hydromel

1 t	jus de carotte	250 ml
1/2 t	hydromel (la Cuvée du Diable, de préférence)	125 ml
4	gouttes de tabasco	4
1 c. à thé	jus de citron	5 ml
1 c. à tab	huile d'olive	15 ml

1. Préchauffer le four à 450 °F (230 °C).

2. Pour la sauce aux carottes et à l'hydromel : dans une casserole, combiner le jus de carotte et l'hydromel. À feu vif, faire réduire de moitié. Ajouter le tabasco, le jus de citron et l'huile d'olive. Réserver au chaud.

3. Dans une casserole d'eau bouillante, cuire les carottes jusqu'à tendreté.

4. Déposer les filets de truite sur une plaque de cuisson tapissée de papier d'aluminium. Assaisonner d'une pincée de sel. Cuire au four de 6 à 8 minutes selon l'épaisseur des filets.

5. Entre-temps, dans une poêle antiadhésive, chauffer l'huile d'olive et faire sauter les champignons. Égoutter les carottes et les incorporer en même temps que les câpres, le thym et les oignons verts.

6. Servir le poisson nappé de sauce. Accompagner du sauté de champignons et de carottes.

* Pour obtenir un goût typique du terroir, vous pouvez remplacer les câpres par des boutons de marguerite marinés.

Longe de bison, purée de panais et légumes du potager

4 PORTIONS | PRÉPARATION : 15 MIN | CUISSON : 45 MIN

1 lb	longe de bison, parée	450 g
1	pincée de sel	1
1 c. à thé	huile d'olive	5 ml
1	échalote grise, émincée	1
1 c. à tab	gingembre frais, haché	15 ml
1 c. à thé	vinaigre de vin rouge	5 ml
1/2 t	vin rouge (du vignoble des Négondos, si possible)	125 ml
1 t	fond de gibier ou de veau (ou bouillon de viande)	250 ml
1 c. à tab	fleur d'ail	15 ml

Purée de panais

10 oz	panais, pelé	300 g
1 c. à tab	huile d'olive	15 ml

Légumes du potager

1/2 t	eau	125 ml
1 c. à thé	huile d'olive	5 ml
1/2 c. à tab	gingembre frais, haché	7 ml
1/2 t	carottes, en biseaux	125 ml
1/2 t	feuilles de chou de Bruxelles séparées	125 ml
1/2 c. à tab	fleur d'ail	7 ml
1	pincée de sel	1

1. Pour la purée de panais : dans une casserole d'eau bouillante, cuire le panais environ 15 minutes ou jusqu'à tendreté. Égoutter, puis réduire en purée en ajoutant l'huile d'olive. Réserver au chaud.

2. Saler la longe de bison. Chauffer un poêlon à fond épais, ajouter l'huile d'olive et cuire la viande environ 5 minutes de chaque côté selon la cuisson désirée. Retirer du poêlon et réserver au chaud.

3. Dans le même poêlon, ajouter l'échalote et le gingembre. Cuire 1 minute. Déglacer au vinaigre, ajouter le vin et laisser bouillir 2 minutes. Mouiller avec le fond de gibier et faire réduire de moitié. Passer le tout au chinois ou au tamis fin. Remettre à feu doux et ajouter la fleur d'ail.

4. Pour les légumes du potager : dans un poêlon, verser l'eau et l'huile d'olive. Ajouter le gingembre et les carottes. Cuire jusqu'à ce que le liquide soit presque complètement évaporé. Ajouter les feuilles de chou de Bruxelles, la fleur d'ail et une pincée de sel.

5. Découper la longe de bison en belles tranches. Déposer dans des assiettes chaudes, disposer la purée et les légumes à côté, puis napper de sauce.

PLAT PRINCIPAL

Suprêmes de cailles poêlés aux épices, quinoa à l'orange

2 PORTIONS | PRÉPARATION : 15 MIN | CUISSON : 40 MIN

4	cailles semi-désossées (demander au boucher)	4
1 c. à tab	huile d'olive vierge	15 ml
1 1/2 c. à thé	cinq-épices chinois	7 ml
2	oignons verts, émincés	2

Quinoa à l'orange

1/4 t	quinoa	60 ml
1/2 t	bouillon de poulet faible en sodium	125 ml
1/2 t	jus d'orange	125 ml
1 1/2 c. à thé	cinq-épices chinois	7 ml
	le zeste râpé de 1 orange	

Sauce balsamique à l'orange

1 c. à tab	vinaigre balsamique	15 ml
2 c. à tab	jus d'orange	30 ml
1/2 t	bouillon de poulet faible en sodium	125 ml
3	gouttes de tabasco	3
1	pincée de sel	1

1. Pour le quinoa à l'orange : dans une casserole, combiner le quinoa, le bouillon de poulet, le jus d'orange, le cinq-épices et la moitié du zeste d'orange. Couvrir et cuire à feu moyen jusqu'à ce que le liquide soit complètement absorbé. Réserver au chaud.

2. Couper les cailles en deux. Dans un poêlon à fond épais, chauffer l'huile d'olive à feu moyen. Ajouter les cailles, côté peau dessous. Assaisonner de cinq-épices. Cuire de 5 à 6 minutes de chaque côté. Retirer du poêlon et réserver au chaud.

3. Pour la sauce balsamique à l'orange : déglacer le poêlon au vinaigre balsamique, au jus d'orange et au bouillon de poulet. Faire réduire de moitié et vérifier l'assaisonnement. Ajouter le tabasco et une pincée de sel.

4. Dans des assiettes chaudes, déposer un nid de quinoa. Ajouter les suprêmes de caille et napper de sauce. Décorer du reste du zeste d'orange et des oignons verts. Servir, accompagné de bok choy cuit à la vapeur, si désiré.

PLAT PRINCIPAL

Sauté d'orge aux pétoncles, champignons et pommes

4 PORTIONS | PRÉPARATION : 10 MIN | CUISSON : 50 MIN

1/2 t	orge mondé	125 ml
1 t	eau	250 ml
14 oz	gros pétoncles frais (environ 16)	400 g
1	grosse pomme Empire ou Cortland	1
10 oz	pleurotes ou autres champignons (selon la disponibilité)	300 g
4 c. à thé	huile d'olive vierge	20 ml
4	tiges d'oignons verts, émincées	4
1 c. à thé	vinaigre de cidre naturel du Québec non pasteurisé	5 ml
	quelques gouttes de tabasco	

1. Cuire l'orge comme du riz : dans une casserole, combiner l'orge et l'eau. Porter à ébullition, réduire le feu et laisser mijoter de 35 à 40 minutes.

2. Entre-temps, préchauffer le four à 450 °F (230 °C).

3. Retirer et jeter le petit muscle coriace qui se trouve sur le côté des pétoncles. Réserver les pétoncles.

4. Peler la pomme et la couper en petits dés. Couper les champignons en petits dés.

5. Dans un poêlon antiadhésif, chauffer 2 c. à thé (10 ml) d'huile d'olive et faire sauter les champignons quelques minutes. Retirer du feu et ajouter les dés de pomme, la moitié des oignons verts, l'orge, le vinaigre de cidre et le tabasco.

6. Badigeonner un plat à gratin de 1 c. à thé (5 ml) d'huile d'olive. Verser la préparation d'orge. Déposer les pétoncles sur le dessus et les badigeonner du reste de l'huile d'olive. Cuire 5 minutes sur la grille supérieure du four.

7. Passer les pétoncles 2 minutes sous le gril du four pour les faire caraméliser.

8. Servir immédiatement, garni du reste des oignons verts.

PLAT PRINCIPAL

Tofu et légumes grillés au sésame et à la coriandre

4 PORTIONS | PRÉPARATION : 10 MIN | MARINADE : 20 MIN | CUISSON : 22 MIN

1	bloc de tofu ferme (1 lb/454 g), en cubes	1
1	gros oignon, en tranches	1
1	gousse d'ail, écrasée	1
2 c. à tab	gingembre frais, râpé	30 ml
1 c. à tab	coriandre moulue	15 ml
1 c. à thé	cari	5 ml
1 c. à tab	huile de sésame grillé	15 ml
1 c. à tab	tamari ou sauce soya réduit en sodium	15 ml
4	gouttes de tabasco	4
2 t	chou-fleur, séparé en petits bouquets	500 ml
1 t	courge musquée, en bâtonnets	250 ml
1 t	épinards, émincés	250 ml
1 c. à tab	graines de sésame rôties	15 ml
2 c. à tab	coriandre fraîche, hachée	30 ml

1. Préchauffer le four à 450 °F (230 °C).

2. Dans un bol, combiner le tofu, l'oignon, l'ail, le gingembre, la coriandre moulue, le cari, l'huile de sésame, le tamari et le tabasco en mélangeant bien. Réserver 20 minutes à température ambiante.

3. Ajouter le chou-fleur et la courge en mélangeant bien. Étaler le tout sur une plaque de cuisson tapissée de papier d'aluminium. Cuire au four environ 20 minutes, jusqu'à ce que les légumes soient al dente.

4. Retirer du four, ajouter les épinards et bien mélanger. Poursuivre la cuisson au four 2 minutes. Servir, garni de graines de sésame et de coriandre fraîche. Accompagner de riz vapeur, si désiré.

Soupe de cantaloup au gingembre et à l'hydromel

6 PORTIONS | PRÉPARATION : 15 MIN | RÉFRIGÉRATION : 2 H

1	cantaloup	1
1/2 t	hydromel*	125 ml
1 c. à tab	miel naturel non pasteurisé	15 ml
1/2 c. à thé	jus de citron	2 ml
1 c. à thé	gingembre frais, haché	5 ml
6	feuilles de menthe, mélisse ou pétales d'hémérocalle (facultatif)	6

1. Peler le cantaloup, le couper en deux et retirer les graines. À l'aide d'une cuillère parisienne, tailler 18 petites boules dans la chair du melon et réserver au froid. Si on n'a pas de cuillère parisienne, tailler des cubes tout simplement.

2. Couper le reste du cantaloup en morceaux et déposer dans un bol. Arroser d'hydromel, de miel et de jus de citron. Ajouter le gingembre et bien mélanger. Couvrir et réserver au froid pendant 2 heures.

3. Quelques minutes avant de servir, réduire la préparation en purée au mélangeur.

4. Pour servir, verser la soupe dans de jolis bols ou dans des verrines. Décorer de boules de melon et de feuilles de menthe.

* Les chefs recommandent l'hydromel La Cuvée du Diable.

DESSERT

Verrines de fraises au basilic, gelée de cidre de glace

4 PORTIONS | PRÉPARATION : 15 MIN | RÉFRIGÉRATION : 4 H

15	pétales de fleurs comestibles (bégonia, œillet, centaurée, souci, etc., mais pas de capucine 🗌 conserver quelques fleurs pour la garniture)	15
10	feuilles de basilic frais	10
1	cassot de fraises du Québec, équeutées et coupées en deux ou en quatre (conserver quelques fraises pour la garniture)	1
4 c. à thé	sucre	20 ml
1/2 c. à thé	jus de citron	2 ml
2	feuilles de gélatine	2
5 c. à tab	jus de pomme	75 ml

Gelée de cidre de glace

3	feuilles de gélatine	3
6 3/4 oz	cidre de glace	200 ml

1. Émincer les pétales de fleurs et 2 feuilles de basilic. Incorporer la moitié des fraises et 1 c. à thé (5 ml) de sucre. Réfrigérer.

2. Pour la gelée de cidre de glace : ramollir les feuilles de gélatine dans de l'eau froide. Dans une casserole, porter le cidre de glace à ébullition, ajouter la gélatine et faire dissoudre. Verser dans un plat profond et réfrigérer 2 heures ou jusqu'à ce que la gelée soit bien prise.

3. Au mélangeur, réduire en purée l'autre moitié des fraises avec le reste du sucre, 4 feuilles de basilic et le jus de citron. (On doit obtenir environ 1 t/250 ml de coulis.) Réserver.

4. Faire ramollir 2 feuilles de gélatine dans l'eau. Dans la casserole, porter le jus de pomme à ébullition, ajouter la gélatine et faire dissoudre. Incorporer le coulis de fraises. Verser dans un plat profond et réfrigérer environ 2 heures, jusqu'à ce que la gelée soit bien prise.

5. Retirer les gelées du réfrigérateur et découper en petits cubes.

6. Au fond de 4 verrines, répartir successivement les cubes de gelée de cidre, le mélange de fraises et de fleurs, puis les cubes de gelée de fraise. Terminer par une couche de fraises fraîches. Servir immédiatement, garni de pétales de fleurs et du reste des feuilles de basilic.

Vive les antioxydants !

Les antioxydants sont des substances qui ont le pouvoir de neutraliser les radicaux libres, ces molécules instables qui jouent un rôle dans le développement des maladies cardiovasculaires, de certains cancers et d'autres maladies liées au vieillissement. Pour neutraliser les radicaux libres le plus efficacement possible, consommez des aliments riches en antioxydants tels que les petits fruits, les agrumes, les tomates, les choux, les légumineuses, le thé vert, le lin, le cacao et certaines épices. Il est plus efficace pour la santé de prendre les antioxydants dans les aliments plutôt qu'en suppléments (comprimés). C'est la synergie entre les composés qui rend un aliment bénéfique.

LA recette

d'un

en santé

Bougez, marchez, courez, dansez

Riez à cœur joie

Rassasiez-vous de *fruits* et de *légumes*

Faites le plein d'H_2O

Respirez sans fumée

Dormez comme un bébé

Et aimez... c'est la clé !

Jérôme Ferrer

Europea

1227, RUE DE LA MONTAGNE, MONTRÉAL 514 398-9229

Pour Jérôme Ferrer, c'est la boulimie d'apprendre, de recevoir et de partager qui, dès l'âge de 8 ans, le prédestinait à devenir chef. « Cuisiner pour les autres est avant tout un acte d'amour et de générosité. Très jeune, je cuisinais aux côtés de ma grand-mère pour qui c'était un plaisir plutôt qu'une corvée. Ma carrière était déjà toute tracée. »

Dès sa sortie de l'école hôtelière, il se promène de tables étoilées en Relais & Châteaux, avant de devenir, à l'âge de 24 ans à peine, chef propriétaire dans un petit village du sud de la France. Escroqué par un notaire qui le dépouille de tous ses biens, il arrive à Montréal en 2001 pour repartir à neuf avec deux grands amis de toujours. C'est ainsi que Europea, Beaver Hall, Andiamo, Per Paolo et Birks Café verront successivement le jour.

Le succès de Jérôme Ferrer s'explique par sa cuisine qui lui ressemble : « Faite d'émotions, de réflexions et de rêve, ma cuisine est à la fois ludique, généreuse et sérieuse. » Même s'il avoue ne pas avoir de plat préféré, il est impensable qu'il ose retirer du menu son réputé cappuccino de homard aux copeaux de truffes : ses clients lui en voudraient trop !

Pour ce chef, la cuisine santé ne devrait jamais être une cuisine de privations ou de restrictions : « Il est important de manger de tout, de se gâter et de se faire plaisir. Tout est une question de modération. Manger sainement, c'est avant tout privilégier une alimentation très variée. » Il fait ici sa part en nous invitant à mettre davantage de bons légumes et de légumineuses dans nos assiettes.

« Faite
d'émotions,
de réflexions
et de rêve,
ma cuisine est
à la fois ludique,
généreuse
et sérieuse. »

Jérôme Ferrer
GRAND CHEF

RELAIS &
CHATEAUX.

Entrées

Salade de boulgour aux légumineuses et au ras-el-hanout
—
Orgetto forestier aux flocons d'avoine
—
Taboulé de quinoa aux fines herbes

Plats principaux

Dos de saumon, pesto de pistaches et de fromage blanc
—
Papillotes de vivaneau en ratatouille citronnée
—
Côtes de cerf au café et au romarin, sauté de légumes au tournesol
—
Poitrines de volaille aux deux sésames et salade d'agrumes

Divers

Vinaigrette au soya

Desserts

Tartinade aux noix et au tofu soyeux
—
Raviolis d'ananas aux fraises et au basilic

ENTRÉE

Salade de boulgour aux légumineuses et au ras-el-hanout

8 PORTIONS | PRÉPARATION : 10 MIN | CUISSON : 30 MIN | RÉFRIGÉRATION : 1 H

1	filet d'huile d'olive	1
1/2	carotte, en dés	1/2
1	courgette, en dés	1
1 c. à tab	pâte de tomates sans sel ajouté	15 ml
2	tomates bien mûres, émondées et concassées	2
1/2 t	pois chiches cuits	125 ml
1/2 t	haricots rouges cuits	125 ml
1 c. à thé	ras-el-hanout*	5 ml
2 t	boulgour	500 ml
2 à 3 t	bouillon de légumes faible en sodium	500 à 750 ml
1/2 c. à thé	sel	2 ml
	poivre noir du moulin, au goût	

1. Chauffer l'huile d'olive dans une casserole et faire revenir la carotte et la courgette. Incorporer la pâte de tomates et remuer. Ajouter les tomates.

2. Rincer les légumineuses cuites à grande eau et les incorporer à la préparation. Assaisonner de sel, de poivre et de ras-el-hanout, puis recouvrir d'eau. Laisser mijoter de 10 à 15 minutes à feu doux. Égoutter en réservant séparément le bouillon de cuisson.

3. Pour cuire le boulgour, le déposer dans une casserole. Verser le bouillon de cuisson réservé et, au besoin, ajouter suffisamment de bouillon de légumes pour obtenir 4 t (1 L) de bouillon au total. Laisser reposer environ 20 minutes, jusqu'à ce que tout le liquide soit absorbé.

4. Mélanger le boulgour aux légumes réservés et réfrigérer 1 h avant de servir.

* Le ras-el-hanout est un mélange d'épices très prisé dans la cuisine nord-africaine. Chaque famille a sa recette bien à elle pouvant contenir jusqu'à 27 épices différentes. Son arôme est inimitable mais, si vous n'en trouvez pas, vous pouvez utiliser de la poudre de cari. Le plat aura alors toutefois un tout autre goût.

Les sels souvent cachés

Manger trop de sel favorise l'augmentation de la tension artérielle, l'un des principaux facteurs de risque des maladies cardiovasculaires et d'accidents vasculaires cérébraux (AVC). Si on recommande un maximum de 2 300 mg de sodium par jour, soit une cuillerée à thé de sel, les Canadiens en consomment beaucoup plus. Près de 77 % du sel consommé est caché dans les produits transformés : bouffe rapide ou aliments prêts-à-manger ; soupes, sauces et bouillons en sachet ou en conserve ; charcuteries, croustilles, fromages, marinades et… conserves de légumes. Le meilleur moyen d'éviter ce sel caché est de cuisiner soi-même des produits frais et de prendre la bonne habitude d'assaisonner ses aliments d'épices et d'aromates.

ENTRÉE

Orgetto forestier aux flocons d'avoine

8 PORTIONS | PRÉPARATION : 35 MINUTES | CUISSON : 40 MINUTES

3 t	orge mondé	750 ml
6 t	eau	1,5 L
1 c. à tab	huile d'olive	15 ml
1	gousse d'ail, hachée	1
1	échalote française, émincée	1
1 t	champignons shiitake	250 ml
2	gros champignons portobellos, émincés	2
2 t	bouillon de légumes faible en sodium	500 ml
1/4 t	flocons d'avoine	60 ml
1 c. à tab	ciboulette, ciselée	15 ml
1 c. à tab	purée de truffes*	15 ml
1/3 t	fromage à la crème léger 15 %	80 ml
1	filet d'huile de truffe blanche	1
	oignons verts, hachés (facultatif)	
	sel et poivre noir du moulin	

1. Dans une grande casserole, combiner l'orge mondé et l'eau. Cuire à feu doux de 20 à 30 minutes, jusqu'à ce que l'orge soit cuite. Retirer et égoutter.

2. Dans une grande poêle, chauffer l'huile d'olive. Faire sauter l'ail et l'échalote. Ajouter les shiitake et les portobellos, puis faire colorer.

3. Ajouter l'orge, le bouillon de légumes, les flocons d'avoine, la ciboulette et la purée de truffes. Saler, poivrer et laisser mijoter jusqu'à consistance crémeuse.

4. Incorporer le fromage et rectifier l'assaisonnement. Servir l'orgetto comme un risotto et le parsemer de quelques gouttes d'huile de truffe blanche. Garnir d'oignons verts si désiré.

* Vous trouverez la purée de truffes dans la plupart des épiceries fines.

ENTRÉE

Taboulé de quinoa aux fines herbes

6 PORTIONS | PRÉPARATION : 20 MIN | RÉFRIGÉRATION : 30 MIN

2 c. à tab	vinaigre de vin rouge	30 ml
1	filet d'huile d'olive	1
2 t	quinoa cuit	500 ml
1/2 t	tomates cerises, en quartiers	125 ml
1/4 t	raisins de Corinthe	60 ml
1	échalote française, émincée finement	1
1	branche de céleri, ciselée	1
1 c. à tab	persil frais, haché	15 ml
1 c. à tab	estragon frais, haché	15 ml
1 c. à tab	ciboulette fraîche, hachée	15 ml
2 c. à tab	amandes effilées grillées	30 ml
1/2 c. à thé	sel	2 ml
	poivre noir du moulin, au goût	

1. Dans un bol, faire une vinaigrette en fouettant ensemble le vinaigre, l'huile d'olive, le sel et le poivre.

2. Incorporer le reste des ingrédients.

3. Réfrigérer 30 minutes pour que les saveurs se marient avant de servir.

||||||||||||||||||||||||||||||||||||||||||||||||||||||||||||||||||||||||||||||||||||||||||||||||||

Dos de saumon, pesto de pistaches et de fromage blanc

||||||||||||||||||||||||||||||||||||||||||||||||||||||||||||||||||||||||||||||||||||||||||||||||||

6 PORTIONS | PRÉPARATION : 20 MIN | RÉFRIGÉRATION : 15 MIN | CUISSON : 15 MIN

1	morceau de dos de saumon de 2 lb (1 kg) environ	1

Pesto de pistaches et de fromage blanc

1	filet d'huile d'olive	1
2	échalotes françaises, ciselées	2
3	gousses d'ail, hachées	3
1/4 t	vin blanc	60 ml
3/4 t	pistaches grillées	180 ml
2 c. à tab	coriandre fraîche, hachée finement	30 ml
1 t	fromage blanc 0 %	250 ml
1/4 c. à thé	sel	1 ml
	poivre noir du moulin, au goût	

1. Pour le pesto de pistaches et de fromage blanc : dans une casserole, chauffer l'huile d'olive et faire revenir les échalotes et l'ail jusqu'à coloration. Verser le vin et faire évaporer. Retirer du feu.

2. À l'aide du robot culinaire ou d'un mortier, réduire les pistaches en chapelure grossière. Les incorporer aux échalotes et à l'ail.

3. Déposer le tout dans un saladier. Ajouter la coriandre et le sel, poivrer et remuer. Incorporer le fromage blanc en mélangeant bien. Réfrigérer 15 minutes.

4. Préchauffer le four à 350 °F (180 °C).

5. Enrober le dessus du saumon de pesto de façon à former une croûte.

6. Déposer sur une plaque et cuire au four de 8 à 12 minutes.

Froide ou chaude, cette ratatouille sera délicieuse pour accompagner viande, volaille ou poisson. Vous pouvez aussi la servir en guise de sauce sur des pâtes.

Papillotes de vivaneau en ratatouille citronnée

6 PORTIONS | PRÉPARATION : 10 MIN | CUISSON : 30 MIN

6	filets de vivaneau de 5 oz (150 g) chacun	6
1 c. à tab	huile d'olive	15 ml
	le jus de 1 citron	
1	lime, en tranches	1
1/2 c. à thé	sel	2 ml
	poivre noir du moulin, au goût	

Ratatouille citronnée

1 c. à tab	huile d'olive	15 ml
1	poivron vert, en lanières	1
1	courgette, en rondelles	1
1/2	aubergine, en petits cubes	1/2
2	gousses d'ail, hachées	2
1	échalote française, ciselée	1
2	tomates bien mûres, concassées	2
1	branche de chacun : romarin et thym	1
	le zeste râpé de 1 citron	
	poivre noir du moulin, au goût	

1. Pour la ratatouille citronnée : dans une casserole, chauffer l'huile d'olive. Faire revenir poivron, courgette et aubergine jusqu'à coloration. Ajouter l'ail et l'échalote. Cuire de 1 à 2 minutes.

2. Incorporer les tomates en remuant, poivrer et recouvrir d'eau. Ajouter le romarin, le thym et le zeste de citron. Laisser mijoter à feu doux jusqu'à ce que les légumes soient tendres.

3. Préchauffer le four à 350 °F (180 °C).

4. Pour le vivaneau : au centre de 6 feuilles de papier d'aluminium ou de papier sulfurisé, disposer les filets de vivaneau. Napper à parts égales d'huile d'olive et de jus de citron. Saler et poivrer, puis disposer quelques tranches de lime sur chaque filet.

5. Couvrir chaque filet de 2 c. à tab (30 ml) de ratatouille et bien fermer le papier pour former une papillote. Transférer sur une plaque de cuisson et cuire au four de 8 à 10 minutes.

6. Pour servir, garnir le plat d'une branche de romarin ou de thym, si désiré.

PLAT PRINCIPAL

Côtes de cerf au café et au romarin, sauté de légumes au tournesol

6 PORTIONS | PRÉPARATION : 30 MIN | MARINADE : 10 À 15 MIN | CUISSON : 20 MIN

6	côtes de cerf (2 lb/1 kg environ au total)	6
2	carottes, en rondelles	2
2	panais, en rondelles	2
3	topinambours, émincés	3
1 t	courge musquée, en cubes	250 ml
1/4 t	graines de tournesol	60 ml
1 c. à tab	estragon frais, haché	15 ml
1/3 t	fond de gibier réduit (maison ou du commerce), chaud	80 ml

Marinade à l'espresso

1	petite tasse de café espresso	1
2	gousses d'ail, hachées	2
2	feuilles de laurier	2
2	branches de romarin frais	2
1	filet d'huile d'olive	1
1/2 c. à thé	sel	2 ml
	poivre noir du moulin, au goût	

1. Pour la marinade à l'espresso : dans un grand plat, combiner tous les ingrédients de la marinade.

2. Déposer les côtes de cerf dans le plat et laisser mariner au réfrigérateur de 10 à 15 minutes.

3. Égoutter les côtes de cerf et réserver la marinade.

4. Dans une casserole, combiner la marinade, les carottes, les panais, les topinambours et la courge musquée. Cuire jusqu'à coloration.

5. Entre-temps, dans une poêle, saisir les côtes de cerf (ou faire griller sur le barbecue) environ 3 minutes de chaque côté pour une cuisson saignante.

6. Au moment de servir, dans un bol, combiner les légumes-racines cuits avec les graines de tournesol et l'estragon.

7. Servir les côtes de cerf accompagnées des légumes-racines. Décorer ensuite chaque assiette d'un filet de fond de gibier.

PLAT PRINCIPAL

|||||||||||||||||||||||||||||||||||||||||||||||||||||||||||||||||||||||||||||||||||||||||||||||||||||||||||||||||

Poitrines de volaille aux deux sésames et salade d'agrumes

|||||||||||||||||||||||||||||||||||||||||||||||||||||||||||||||||||||||||||||||||||||||||||||||||||||||||||||||||

6 PORTIONS | PRÉPARATION : 35 MIN | RÉFRIGÉRATION : 15 MIN | CUISSON : 15 MIN

6	poitrines de poulet de 5 oz (150 g) chacune, sans peau et désossées	6
2 c. à tab	graines de sésame blanc	30 ml
2 c. à tab	graines de sésame noir	30 ml
1 c. à tab	huile d'olive	15 ml
1	botte d'asperges blanches	1
1	botte d'asperges vertes	1

Marinade aux agrumes et à la coriandre

1 c. à tab	coriandre fraîche, hachée	15 ml
1	gousse d'ail, hachée	1
	le jus de 1 orange et de 1 citron	
	le zeste râpé de 1 lime	
1/8 c. à thé	sel	0,5 ml
	poivre noir du moulin, au goût	

Salade d'agrumes à la roquette

1 c. à tab	huile d'olive	15 ml
2 c. à tab	vinaigre de vin	30 ml
1/8 c. à thé	sel	0,5 ml
	poivre noir du moulin, au goût	
1	orange, coupée en suprêmes	1
1	pamplemousse, coupé en suprêmes	1
1	citron, coupé en suprêmes	1
1	bouquet de roquette	1

1. Pour la marinade aux agrumes et à la coriandre : dans un grand plat, combiner tous les ingrédients de la marinade. Déposer les poitrines de poulet, bien les enrober et réfrigérer 15 minutes.

2. Préchauffer le four à 350 °F (180 °C).

3. Égoutter les poitrines et réserver la marinade séparément. Parsemer les deux côtés du poulet de graines de sésame.

4. Dans une poêle allant au four, chauffer l'huile d'olive et cuire les poitrines jusqu'à coloration en les arrosant de marinade. Terminer la cuisson au four de 5 à 8 minutes.

5. Dans une grande casserole d'eau bouillante légèrement salée, blanchir les asperges quelques minutes seulement pour qu'elles conservent leur croquant.

6. Pour la salade d'agrumes à la roquette : entre-temps, faire une vinaigrette en fouettant l'huile d'olive, le vinaigre de vin, le sel et du poivre au goût. Dans un grand bol, combiner les suprêmes d'agrumes, la roquette et la vinaigrette en remuant le tout.

7. Servir le poulet accompagné de la salade d'agrumes et des asperges chaudes.

Vinaigrette au soya

7 PORTIONS | PRÉPARATION : 10 MIN

2 c. à tab	moutarde	30 ml
2 c. à tab	sauce soya réduite en sodium	30 ml
2	gousses d'ail, hachées	2
3 c. à tab	vinaigre balsamique	45 ml
1 c. à tab	estragon frais, haché	15 ml
1/4 t	huile d'olive	60 ml
1 t	boisson de soya	250 ml
	poivre noir du moulin, au goût	

1. Dans un bol, combiner la moutarde, la sauce soya et l'ail en remuant bien.

2. Incorporer le vinaigre balsamique et l'estragon. Ajouter ensuite le poivre.

3. À l'aide d'un fouet, incorporer d'abord l'huile d'olive en filet, puis la boisson de soya. Rectifier l'assaisonnement au besoin.

4. Servir avec des crudités ou utiliser pour napper une belle salade de saison.

Tartinade aux noix et au tofu soyeux

6 PORTIONS | PRÉPARATION : 30 MIN | RÉFRIGÉRATION : 1 H

3/4 t	amandes grillées	180 ml
1/2 t	noisettes grillées	125 ml
1/4 t	mélange de pistaches et de noix de Grenoble grillées	60 ml
2 c. à tab	miel	30 ml
	le zeste râpé et le jus de 1 orange	
1/2 t	tofu soyeux	125 ml

1. Dans une poêle bien chaude, faire griller à sec l'ensemble des noix en prenant soin de ne pas les laisser brûler. Ajouter le miel et laisser bien caraméliser.

2. Déglacer au jus d'orange, remuer et ajouter le zeste.

3. À l'aide du robot culinaire, réduire le tout en purée.

4. Incorporer le tofu soyeux et mélanger de nouveau pour obtenir une pâte homogène. Réfrigérer au moins 1 heure avant de servir sur du pain, une brioche ou des biscotti.

DESSERT

Raviolis d'ananas aux fraises et au basilic

6 PORTIONS | PRÉPARATION : 25 MIN | RÉFRIGÉRATION : 30 MIN

1	ananas frais entier	1
1 lb	fraises fraîches, en cubes	450 g
1 c. à tab	basilic frais, haché	15 ml
3 c. à tab	vinaigre balsamique	45 ml
	le jus de 1 citron	
	poivre noir du moulin	
	le zeste râpé de 1/2 lime	

1. Peler et couper l'ananas frais en tranches les plus fines possible. Il faut au total 12 tranches.

2. Dans un bol à mélanger, combiner les fraises, le basilic, le vinaigre balsamique et le jus de citron. Remuer le tout délicatement et réfrigérer 30 minutes.

3. Dans six assiettes creuses, répartir la moitié des tranches d'ananas. Déposer sur chacune d'elles 1 c. à tab (15 ml) de salade de fraises. Refermer avec une autre tranche d'ananas comme pour faire un ravioli.

4. Parfumer de poivre noir et de zeste de lime. Servir bien frais.

Le sucre est-il pire que le gras ?

Même si nous mangeons moins de gras que les générations précédentes, les taux d'obésité et de diabète ne cessent d'augmenter. Nous mangeons trop sucré notamment à cause du sirop de fructose issu de la transformation du maïs que l'on retrouve dans plusieurs produits manufacturés. Or, ce fructose peut être stocké sous forme de graisse et perturber la formation d'une hormone responsable de la sensation de satiété. Attention aussi aux aliments allégés, où le gras a été remplacé par des quantités importantes de sucre. En revanche, le fructose contenu dans les fruits est naturel et est accompagné de fibres et de vitamines bénéfiques.

Mélanie Gagnon

Auberge Sainte-Catherine-de-Hatley

2, RUE GRAND'RUE, SAINTE-CATHERINE-DE-HATLEY 819 868-1212

Mélanie Gagnon a vécu, voyagé et cuisiné un peu partout, du Québec au Brésil. Toujours, elle est revenue dans son coin de pays, les Cantons-de-l'Est, dont elle apprécie la quiétude et le charme. « Je suis ancrée ici, explique-t-elle. J'ai vécu à Montréal, où j'ai fait un bac en politique, mais mon avenir était ici, dans le monde de la restauration. »

Issue d'une grosse famille, elle a toujours été familière avec les grandes tablées. « Comme nous étions parfois 20 personnes à table, chacun devait faire sa part. La grosse popote, les immenses chaudrons, je connais ça. Nous avons voulu que l'auberge reflète cette même ambiance familiale. Mon frère est d'ailleurs notre sommelier. »

Dans une maison centenaire avec vue imprenable sur le mont Orford, elle accueille aujourd'hui les gourmands épris de gastronomie et de terroir. Son menu, en changement perpétuel, propose selon les saisons l'osso buco de bison, le baluchon de porc sans pâte, le râble de lapin farci au sanglier ou le millefeuille de camembert. Des plats souvent gourmands, mais toujours respectueux des considérations de santé et de bien-être qui interpellent cette grande toque nommée Chef Santé 2007 au Québec.

« Pour adopter une alimentation santé, il faut d'abord commencer par être à l'écoute de son corps. Oui, on évite la friture. Oui, on cuisine plus léger. Mais ce sont surtout les quantités qui font toute la différence. » Pour garder sa table d'hôte attrayante, elle puise aussi dans les traditions amérindiennes qui lui ont été transmises par une tante. Elle n'hésite pas à agrémenter ses ragoûts de baies d'argousier ou à arpenter les sous-bois pour ramasser des aiguilles de sapin qui finiront dans l'assiette. Dépaysement garanti... et on aime ça.

« Pour adopter une alimentation santé, il faut d'abord commencer par être à l'écoute de son corps. »

Déjeuner

Verrines d'œufs brouillés au poivre et carottes à l'orange

Entrées

Soupe de betteraves jaunes à l'ananas

Soufflé de crevettes, poires et lavande

Plats principaux

Cocotte de poulet aux champignons et à l'argousier

Effiloché d'éperlan aux zestes d'agrumes, vinaigrette aux framboises

Carré de veau farci à la mousseline de légumes en croûte aux sept grai

Râbles de lapin de Stanstead au pin et aux pommes

Desserts

Gâteau à l'avoine de Bibiane

Pouding de Noël au pain brun léger

Divers

Pain brun à la mélasse noire de grand-mère Gagnon

DÉJEUNER

Verrines d'œufs brouillés au poivre et carottes à l'orange

10 PORTIONS | PRÉPARATION : 5 MIN | CUISSON : 25 MIN

5	carottes, en petits dés (brunoise)	5
3/4 t	jus d'orange ou bouillon de légumes	180 ml
10	œufs	10
1 c. à thé	beurre	5 ml
2	pincées de poivre noir Malabar ou de poivre noir du moulin	2
1/2 c. à thé	huile de canola	2 ml
3/4 t	eau bouillante	180 ml

1. Préchauffer le four à 275 °F (135 °C).

2. Dans une petite casserole, combiner les dés de carottes et le jus d'orange. Cuire environ 5 minutes, jusqu'à tendreté. Réserver.

3. Dans un bol, mélanger les œufs avec le beurre, le poivre et l'huile de canola. Verser la préparation dans 10 verrines et garnir des dés de carottes égouttés.

4. Déposer les verrines dans un plat de cuisson, mettre au four et verser de l'eau bouillante autour des verrines. Cuire environ 25 minutes, jusqu'à ce que les œufs commencent à gonfler à la manière d'un soufflé.

Soupe de betteraves jaunes à l'ananas

6 PORTIONS | PRÉPARATION : 10 MIN | CUISSON : 40 MIN

2 c. à tab	huile d'olive	30 ml
1/2 t	panais, en dés	125 ml
1 t	navet, pelé et coupé en dés	250 ml
1	pomme de terre moyenne, pelée et coupée en dés	1
8	betteraves jaunes, pelées et coupées en dés	8
1/4 t	oignon, en dés	60 ml
1/2	ananas, en dés	1/2
6 t	bouillon de poulet faible en sodium ou eau	1,5 L
1	pincée de muscade	1
1	pincée de sel	1
1	pincée de poivre	1
1/4 t	yogourt nature 1 %	60 ml

1. Dans une casserole, chauffer l'huile d'olive, puis faire dorer les légumes et l'ananas.

2. Quand les légumes et l'ananas sont bien dorés, ajouter le bouillon de poulet, la muscade, le sel et le poivre. Cuire environ 35 minutes à feu doux.

3. Passer la soupe au mélangeur et servir dans des verrines avec un soupçon de yogourt.

ENTRÉE

Soufflé de crevettes, poires et lavande

4 PORTIONS | PRÉPARATION : 10 MIN | CUISSON : 5 À 8 MIN

10 oz	crevettes décortiquées	300 g
3 c. à tab	huile d'olive	45 ml
	poivre*	
1	botte de cerfeuil frais	1
4	œufs	4
2	poires, en dés	2
1 c. à thé	lavande séchée	5 ml
2 c. à thé	margarine non hydrogénée	10 ml

1. Préchauffer le four à 400 °F (200 °C).

2. Trancher les crevettes en deux sur la longueur et réserver.

3. Dans un poêlon bien chaud, chauffer 2 c. à tab (30 ml) d'huile d'olive, puis faire sauter les crevettes avec le poivre. Réserver.

4. Laver et essorer le cerfeuil. Réserver une moitié pour la décoration. Effeuiller l'autre moitié et hacher grossièrement les feuilles. Jeter les tiges.

5. Séparer les œufs. (Réserver les jaunes pour une autre utilisation.) Dans un grand bol, à l'aide d'un batteur électrique, monter les blancs d'œufs en neige en ajoutant progressivement le reste de l'huile d'olive.

6. Quand les blancs d'œufs sont en neige bien ferme, ajouter les crevettes, le cerfeuil haché, les poires et la lavande. Incorporer délicatement à la spatule pour ne pas faire tomber les blancs.

7. Verser la préparation dans 4 tasses allant au four enduites de margarine et cuire au four de 5 à 8 minutes jusqu'à coloration dorée. Servir chaud, décoré de cerfeuil et accompagné de quelques biscottes maison, si désiré.

* Pour une touche parfumée, au lieu du poivre noir, utilisez un poivre aromatique comme le Voatsiperifery, un poivre sauvage de Madagascar.

VARIANTE
Remplacer le cerfeuil par du thym frais, un aromate qui se marie harmonieusement au parfum de la lavande.

Le cholestérol, bon ou mauvais ?

Contrairement à la croyance populaire, le cholestérol alimentaire, que l'on retrouve notamment dans les œufs, la viande, les abats et les fruits de mer, a peu d'influence sur le cholestérol circulant dans le sang. Ce sont les gras saturés et trans qui tendent à faire augmenter le cholestérol sanguin, d'où la nécessité d'en limiter la consommation. Cela dit, si vous présentez un taux élevé de cholestérol sanguin en raison d'une prédisposition génétique, il serait préférable que vous évitiez les aliments particulièrement riches en cholestérol alimentaire.

Cocotte de poulet aux champignons et à l'argousier

4 PORTIONS | PRÉPARATION : 15 MIN | CUISSON : 30 MIN

1	poulet entier	1
4 t	eau	1 L
2 c. à tab	huile de canola	30 ml
2 t	pleurotes roses*	500 ml
1 t	argousier* (ou canneberges fraîches, surgelées ou séchées)	250 ml
2	échalotes grises, hachées finement	2
3	gousses d'ail, hachées finement	3
2	pincées de sel	2
3	tours de moulin de poivre noir	3

1. Préchauffer le four à 400 °F (200 °C).

2. Découper le poulet, détacher les cuisses, puis les couper en deux au niveau de la jointure. Prélever les poitrines et les couper en deux avec les ailerons. Retirer la peau.

3. Pour faire du bouillon de poulet maison, dans une casserole, déposer la carcasse de poulet. Ajouter l'eau et assaisonner d'une pincée de sel et de poivre. Laisser mijoter à feu moyen pendant 30 minutes. Dégraisser et réserver.

4. Entre-temps, dans une cocotte bien chaude, chauffer l'huile. Poivrer les morceaux de poulet et faire colorer. Retirer le poulet et réserver.

5. Dans la même cocotte, ajouter les pleurotes et l'argousier, puis faire colorer. Assaisonner du reste de sel et de poivre. Ajouter les échalotes et l'ail, puis poursuivre la cuisson 1 minute.

6. Déglacer la cocotte avec 1 tasse (250 ml) de bouillon de poulet maison et laisser réduire de moitié.

7. Remettre les morceaux de poulet dans la cocotte et cuire au four 20 minutes.

8. Servir aussitôt, avec une purée au choix.

* La chef recommande les pleurotes des Champs-Mignons de Magog et l'argousier des Jardins de Hatley.

PLAT PRINCIPAL

Effiloché d'éperlan aux zestes d'agrumes, vinaigrette aux framboises

4 PORTIONS | PRÉPARATION : 10 MIN | CUISSON : 10 MIN

8	filets d'éperlan	8
2 c. à tab	huile d'olive	30 ml
2 c. à tab	cerfeuil frais, haché	30 ml
1	pincée de fleur de sel	1
1/4 c. à thé	piment d'Espelette	1 ml
	le zeste râpé de 1 orange	
	le zeste râpé de 1 citron	
	le zeste râpé de 1 lime	
3 c. à tab	vinaigre de framboise	45 ml
1/2 t	framboises fraîches	125 ml
1	pincée de sucre	1
1	botte de cresson	1

1. Préchauffer le four à 350 °F (180 °C).

2. Laver les filets d'éperlan, enlever la peau et l'étaler sur une plaque de cuisson. Mettre au four et laisser sécher environ 20 minutes, en vérifiant de temps à autre qu'elle ne brûle pas. Éteindre le four et y laisser la peau encore 10 minutes afin d'enlever toute trace d'humidité. Tailler en tuiles et réserver.

3. Entre-temps, dans une poêle à feu moyen, chauffer l'huile d'olive et cuire les filets d'éperlan pendant 1 minute. Assaisonner de cerfeuil, de fleur de sel et de piment d'Espelette, puis retourner les filets. Parsemer des zestes d'agrumes et cuire encore 1 1/2 minute.

4. Retirer le poisson de la poêle et réserver au chaud. Dans la même poêle, ajouter le vinaigre de framboise, les framboises et le sucre, puis réchauffer quelques minutes.

5. Effilocher les filets d'éperlan et les déposer sur un lit de cresson. Napper de vinaigrette aux framboises. Décorer chaque assiette d'une tuile de peau d'éperlan croustillante.

PLAT PRINCIPAL

Carré de veau farci à la mousseline de légumes en croûte aux sept grains

4 PORTIONS | PRÉPARATION : 20 MIN | CUISSON : 25 À 30 MIN

1	carré de veau* de 1 1/2 lb (750 g) environ	1
1	feuille d'algue nori	1
1	carotte, en fines lanières	1
1	poivron rouge, en fines lanières	1
1	courgette verte, en fines lanières	1
1 t	riz aux sept grains, cuit	250 ml

Farce au veau

1 t	veau haché extra-maigre	250 ml
1/4 t	mélange laitier pour cuisson 5 %	60 ml
2	blancs d'œufs	2
1 c. à thé	fleur d'ail du Petit Mas	5 ml
1	pincée de sel marin	1
1	pincée de poivre	1

1. Préchauffer le four à 350 °F (180 °C).

2. En grattant à l'aide d'un couteau, parer le carré en retirant la peau et la chair qui recouvre le bout des os afin de les exposer (ou demander au boucher de le faire). Si nécessaire, enlever un peu de chair en dessous pour le faire tenir.

3. Pratiquer un trou au centre du carré pour y insérer la farce. Réserver.

4. Pour la farce au veau : passer tous les ingrédients de la farce au robot culinaire pour obtenir une texture lisse et homogène. Étendre la feuille de nori sur le plan de travail et étaler une couche de farce sur la moitié de la feuille (en réservant de la farce pour recouvrir le carré). Y disposer 2 lanières de chaque légume et rouler bien serré. Déposer au congélateur le temps que le rouleau durcisse assez pour qu'on puisse l'insérer facilement dans le carré.

5. Insérer le rouleau de nori au centre du carré de veau. Recouvrir le dos du carré du reste de la farce, puis du riz de manière à former une croûte.

6. Cuire au four de 25 à 30 minutes. Servir avec une bruschetta chaude de tomates sur des tranches de baguette, si désiré.

* La chef recommande le veau de la Ferme Thomas ou le veau Charlevoix.

PLAT PRINCIPAL

Râbles de lapin de Stanstead au pin et aux pommes

4 PORTIONS | PRÉPARATION : 10 MIN | CUISSON : 40 MIN

2	râbles de lapin de Stanstead (environ 650 g/1 ¼ lb en tout)	2
2 c. à tab	huile de canola	30 ml
1	oignon, coupé grossièrement	1
3	branches d'épine de pin de 3 po/8 cm chacune (facultatif)*	3
3	feuilles de laurier	3
1	branche de thym	1
2 t	eau	500 ml
3 c. à tab	fleur d'ail du Petit Mas	45 ml
3	pommes Honeycrisp, coupées en quatre	3
8	carottes fanes (avec les feuilles), en biseau	8
6	tours de moulin de poivre noir	6
1	pincée de sel marin	1
2	pincées de poivre noir concassé	2

1. Préchauffer le four à 400 °F (200 °C).

2. Parer les râbles de lapin et enlever l'excédent de gras. Les couper en 3 morceaux chacun.

3. Dans une casserole allant au four, chauffer la moitié de l'huile et faire colorer les râbles de lapin. Ajouter l'oignon haché, les branches d'épine de pin, le laurier et le thym. Mouiller avec l'eau, puis ajouter la fleur d'ail, les pommes et le poivre.

4. Cuire au four pendant 20 minutes. Retourner les râbles et poursuivre la cuisson 5 minutes.

5. Entre-temps, déposer les carottes dans une casserole, verser de l'eau à mi-hauteur et ajouter le reste de l'huile. Saler et poivrer. Cuire jusqu'à ce que l'eau soit complètement évaporée.

6. Retirer les râbles et réserver au chaud. Déposer la casserole sur la cuisinière et faire réduire les garnitures et le jus de cuisson de moitié.

7. Servir les râbles accompagnés des carottes et de lentilles, si désiré.

* Vous n'avez pas le temps d'aller en forêt pour y chercher des branches ? Un peu de gelée de sapin du commerce ou 2-3 branches de romarin frais feront l'affaire.

Les fibres, une véritable richesse !

Les fibres sont présentes dans les aliments d'origine végétale tels que les grains entiers, les légumes, les fruits, les légumineuses et les noix. En plus de leurs effets favorables sur la régularité intestinale, le taux de sucre dans le sang, la tension artérielle, le mauvais cholestérol (LDL) et la prévention de certains cancers, elles favorisent un poids santé, car elles sont plus nourrissantes et prolongent la sensation de satiété. Consommez régulièrement des fibres solubles comme le psyllium, le son d'avoine, le gruau, l'orge, les légumineuses, les fruits riches en pectine (pommes, oranges, poires, fraises, tomates), les graines de lin moulues et les graines de chia. N'oubliez pas d'augmenter progressivement votre consommation de fibres et de boire beaucoup d'eau.

DESSERT

|||||||||||||||||||||||||||||||||||||||||||||||||||||||||||||||||||||||||||||||

Gâteau à l'avoine de Bibiane

|||||||||||||||||||||||||||||||||||||||||||||||||||||||||||

10 PORTIONS | PRÉPARATION : 30 MIN | CUISSON : 55 À 65 MIN

1 1/4 t	eau bouillante	310 ml
1 t	flocons d'avoine (gruau)	250 ml
1/4 t	huile de canola	60 ml
1/4 t	sucre	60 ml
1/4 t	cassonade	60 ml
2	œufs	2
1 c. à thé	essence de vanille	5 ml
1 t	farine blanche	250 ml
1 t	farine de blé entier	250 ml
1 c. à thé	levure chimique (poudre à pâte)	5 ml
1 c. à thé	bicarbonate de soude	5 ml
3/4 c. à thé	cannelle	4 ml
1/4 c. à thé	muscade	1 ml

Glaçage au yogourt et aux noix

2 c. à tab	margarine non hydrogénée	30 ml
3 c. à tab	cassonade	45 ml
3 c. à tab	yogourt 1 %	45 ml
1/2 t	noix hachées au choix	125 ml

1. Préchauffer le four à 350 °F (180 °C).

2. Dans un bol, combiner l'eau bouillante et les flocons d'avoine, puis les laisser reposer le temps de préparer le reste des ingrédients.

3. Au batteur électrique, battre en crème l'huile, les deux types de sucre et les œufs. Ajouter le reste des ingrédients du gâteau, incluant les flocons d'avoine, et battre 10 minutes. (Le secret étant dans le brassage, plus on battra la pâte, plus le gâteau sera moelleux.)

4. Cuire au four de 50 à 60 minutes ou jusqu'à ce qu'un couteau inséré au centre en ressorte propre.

5. Pour le glaçage au yogourt et aux noix : entre-temps, combiner tous les ingrédients du glaçage dans un bol. Étendre le mélange sur le gâteau et passer sous le gril du four environ 5 minutes, jusqu'à ce que le glaçage soit bien doré.

Ce glaçage
rehaussera
tous vos gâteaux
maison à
la banane,
à la courgette
ou autres.

DESSERT

Pouding de Noël au pain brun léger

12 PORTIONS | PRÉPARATION : 10 MIN | CUISSON : 30 À 40 MIN

4 t	pain brun à la mélasse noire*, rassis, en gros cubes	1 L
1/3 t	lait 1%, tiède	80 ml
3 c. à tab	raisins secs	45 ml
1	pomme, en dés	1
2	pruneaux séchés, en petits dés	2
2	œufs	2
1/4 t	sucre	60 ml
2 c. à tab	margarine non hydrogénée	30 ml
1/2 t	noisettes concassées	125 ml

1. Préchauffer le four à 375 °F (190 °C).

2. Déposer les cubes de pain dans un bol, mouiller avec le lait et écraser à la fourchette. Ajouter les fruits et laisser reposer pour que le pain soit bien imbibé de lait.

3. Fouetter les œufs et le sucre, puis verser sur le pain et mélanger. Vérifier la consistance et l'humidité du pain. Ajouter du lait au besoin afin que le mélange soit homogène.

4. Enduire un moule à pouding de 8 po (20 cm) de la margarine et y verser la pâte. Tasser la pâte et parsemer le dessus de noisettes.

5. Cuire au four de 30 à 40 minutes, jusqu'à ce que le pouding soit doré et sa croûte croustillante.

* Voir la recette de pain brun à la mélasse noire de grand-mère Gagnon (page 113). Pour confectionner un pouding salé, remplacer le sucre par du fromage râpé. Comme le gâteau aux fruits, ce pouding peut se préparer plusieurs semaines à l'avance.

Pain brun à la mélasse noire de grand-mère Gagnon

16 PORTIONS | PRÉPARATION : 40 MIN | CUISSON : 15 À 20 MIN | REPOS : 2 H 10 MIN

1 t	lait 1 %, tiède	250 ml
1	sachet de levure	1
1	pincée de sel	1
1/4 t	mélasse noire	60 ml
2 t	farine de blé	500 ml
1 t	farine blanche	250 ml
1/3 t	farine de seigle	80 ml
1/3 t	farine de maïs complète	80 ml

1. Dans un bol, combiner le lait tiède et la levure, puis laisser reposer 10 minutes.

2. Si on possède un robot culinaire avec pétrin, combiner tous les ingrédients dans le bol et pétrir 30 minutes. Sinon, les combiner dans un bol, puis pétrir à la main. Couvrir la pâte d'un linge humide et faire lever 1 heure dans un endroit chaud.

3. Donner un coup de poing dans la pâte pour la faire tomber et pétrir de nouveau légèrement sur un plan de travail fariné. Façonner en miche, transférer sur une plaque de cuisson et couvrir d'un linge humide. Faire lever 1 heure de plus.

4. Préchauffer le four à 350 °F (180 °C).

5. Cuire le pain au four de 15 à 20 minutes.

LE RÉGIME
méditerranéen
et votre cœur

C'est un fait connu, depuis des décennies, l'approche nutritionnelle est considérée comme la pierre angulaire de la prévention et l'un des traitements de la maladie cardiovasculaire. Qu'il s'agisse de prévention ou de retour à la santé, plusieurs études ont démontré les nombreux bienfaits de l'alimentation des populations méditerranéennes. Le secret? Une approche globale fondée sur le plaisir de manger et la variété.

Cela dit, il n'existe pas de définition unique du ou des régimes méditerranéens. Ce terme recouvre en effet un ensemble de cultures culinaires observées dans les 15 pays entourant le bassin méditerranéen et partageant certains points en commun. En matière de nutriments, les régimes méditerranéens contiennent plus de fibres, d'antioxydants et de bons gras que les autres régimes. Ils se caractérisent par une consommation modérée d'alcool, principalement sous forme de vin, et un faible apport en sodium.

Vous souhaitez adopter une alimentation de type méditerranéen? Grosso modo, vous devrez privilégier les aliments-vedettes mentionnés dans la pyramide ci-contre.

Pour profiter des vertus du régime méditerranéen, il est essentiel d'adopter une bonne alimentation plutôt que de prendre des suppléments. En effet, le succès de ce régime réside dans la synergie entre les composés actifs des divers aliments. Comme toujours, il est recommandé de faire appel à un professionnel de la santé avant de transformer votre alimentation de manière radicale. Votre régime alimentaire sera ainsi personnalisé selon vos besoins et établi en fonction de facteurs tels que l'âge, la taille, la médication, l'activité physique ou toute autre particularité.

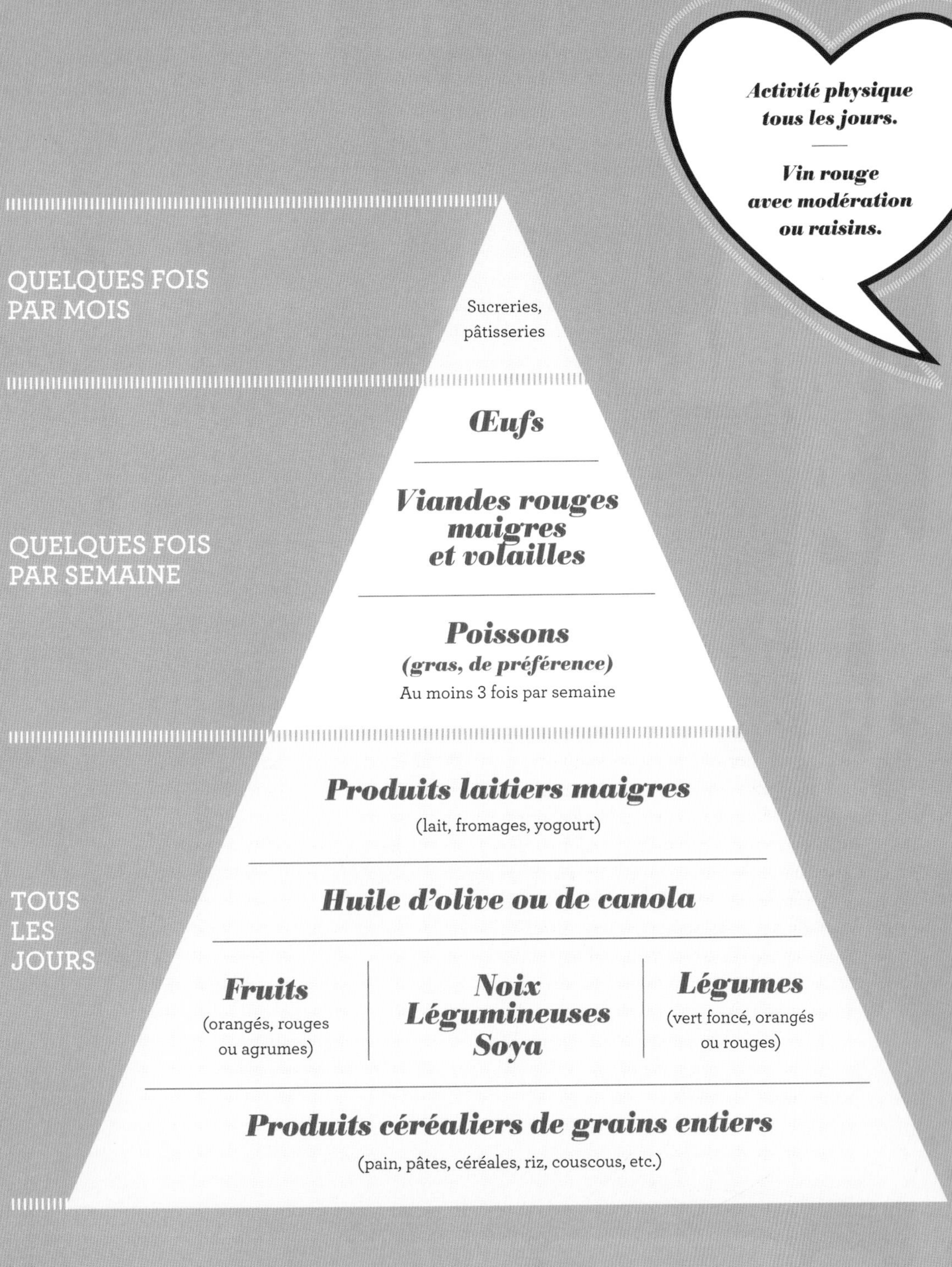

QUELQUES FOIS PAR MOIS

Sucreries, pâtisseries

QUELQUES FOIS PAR SEMAINE

Œufs

Viandes rouges maigres et volailles

Poissons
(gras, de préférence)
Au moins 3 fois par semaine

TOUS LES JOURS

Produits laitiers maigres
(lait, fromages, yogourt)

Huile d'olive ou de canola

Fruits
(orangés, rouges ou agrumes)

Noix Légumineuses Soya

Légumes
(vert foncé, orangés ou rouges)

Produits céréaliers de grains entiers
(pain, pâtes, céréales, riz, couscous, etc.)

Activité physique tous les jours.

Vin rouge avec modération ou raisins.

Les aliments se trouvant au bas de la pyramide doivent être consommés quotidiennement, tandis que les aliments se trouvant vers le haut doivent être consommés moins souvent et en plus petite quantité.

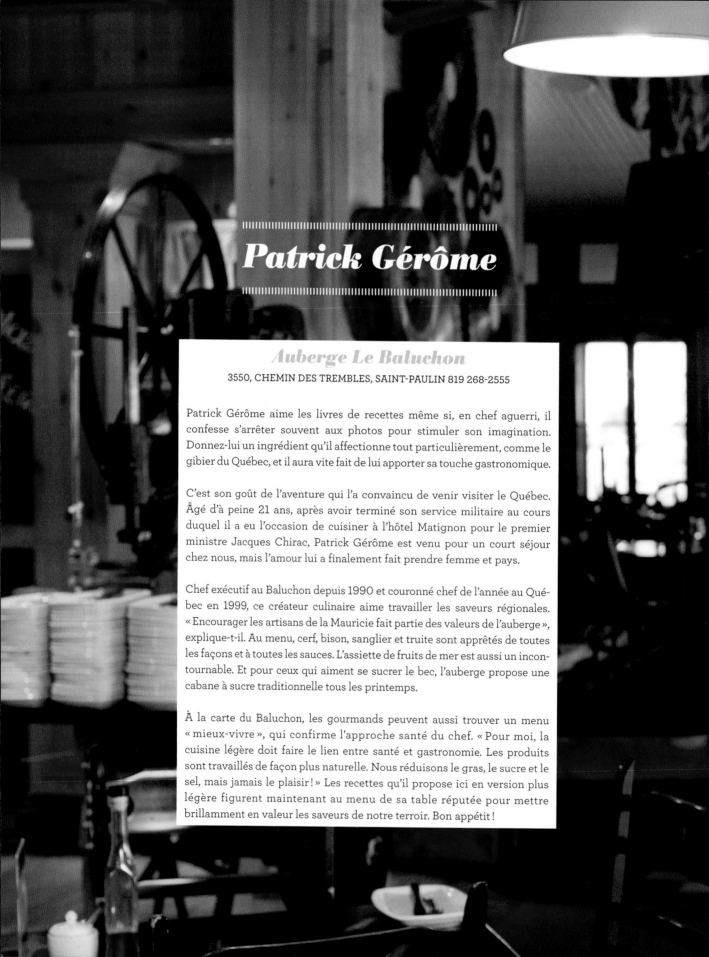

Patrick Gérôme

Auberge Le Baluchon
3550, CHEMIN DES TREMBLES, SAINT-PAULIN 819 268-2555

Patrick Gérôme aime les livres de recettes même si, en chef aguerri, il confesse s'arrêter souvent aux photos pour stimuler son imagination. Donnez-lui un ingrédient qu'il affectionne tout particulièrement, comme le gibier du Québec, et il aura vite fait de lui apporter sa touche gastronomique.

C'est son goût de l'aventure qui l'a convaincu de venir visiter le Québec. Âgé d'à peine 21 ans, après avoir terminé son service militaire au cours duquel il a eu l'occasion de cuisiner à l'hôtel Matignon pour le premier ministre Jacques Chirac, Patrick Gérôme est venu pour un court séjour chez nous, mais l'amour lui a finalement fait prendre femme et pays.

Chef exécutif au Baluchon depuis 1990 et couronné chef de l'année au Québec en 1999, ce créateur culinaire aime travailler les saveurs régionales. « Encourager les artisans de la Mauricie fait partie des valeurs de l'auberge », explique-t-il. Au menu, cerf, bison, sanglier et truite sont apprêtés de toutes les façons et à toutes les sauces. L'assiette de fruits de mer est aussi un incontournable. Et pour ceux qui aiment se sucrer le bec, l'auberge propose une cabane à sucre traditionnelle tous les printemps.

À la carte du Baluchon, les gourmands peuvent aussi trouver un menu « mieux-vivre », qui confirme l'approche santé du chef. « Pour moi, la cuisine légère doit faire le lien entre santé et gastronomie. Les produits sont travaillés de façon plus naturelle. Nous réduisons le gras, le sucre et le sel, mais jamais le plaisir ! » Les recettes qu'il propose ici en version plus légère figurent maintenant au menu de sa table réputée pour mettre brillamment en valeur les saveurs de notre terroir. Bon appétit !

Entrées

Fondant de fromage de chèvre et pomme, caramel de vin rouge au miel

Soupe aux escargots à la provençale

Plats principaux

Filets de truite en croûte de sarrasin gratinés au fromage de chèvre

Étagé de suprêmes de pintade et galettes de sarrasin

Sauté de bettes à carde avec poêlée de tofu mariné au soya

Tartare de cerf rouge, confit d'oignons et griottes séchées

Médaillons de thon blanc mi-cuit sur nid de mesclun

Divers

Purée de céleri-rave et de pomme de terre

Desserts

Pain aux carottes et aux raisins, sauce yogourt aux pêches

Crêpes Suzette santé

« Encourager
les artisans
de la Mauricie
fait partie
des valeurs
de l'auberge. »

ENTRÉE

Fondant de fromage de chèvre et pomme, caramel de vin rouge au miel

6 PORTIONS | PRÉPARATION : 20 MIN | CUISSON : 10 MIN

6 oz	fromage de chèvre de type tomme*	180 g
1/4 t	farine	60 ml
1	œuf, battu	1
1/3 t	chapelure	80 ml
1/4 t	noix mélangées (pistaches, noisettes, noix de cajou, noix de pin et noix de Grenoble), hachées grossièrement	60 ml
1 c. à tab	huile de canola (pour la friture)	15 ml

Caramel de vin rouge au miel

7 oz	vin rouge	200 ml
3 c. à tab	miel de trèfle	45 ml

Garniture

2	pommes	2
	le jus de 1 citron	
1	endive	1
1	bouquet de fines herbes au choix	1

1. Couper le fromage de chèvre en 6 tranches, les fariner et les tremper dans l'œuf battu. Combiner la chapelure et les noix hachées. Rouler les tranches de fromage dans le mélange. Chauffer l'huile de canola dans un grand poêlon et frire les tranches de fromage de 3 à 4 minutes. Réserver au chaud.

2. Pour le caramel de vin rouge au miel : dans une casserole, combiner le vin et le miel, puis faire réduire jusqu'à léger épaississement.

3. Pour la garniture : évider les pommes, trancher en rondelles épaisses et arroser de jus de citron. Séparer les feuilles d'endive.

4. Dans 6 assiettes, déposer un nid de feuilles d'endive et y superposer les tranches de pomme et de fromage. Napper d'un peu de caramel et décorer de fines herbes au choix.

* Le chef recommande la tomme du Haut-Richelieu.

Ah ! le vin rouge...

Doit-on boire du vin rouge régulièrement ? Des études ont démontré que la consommation modérée de vin rouge, soit un verre par jour pour les femmes et deux pour les hommes, pourrait être bénéfique pour le cœur grâce à sa capacité antioxydante reconnue. Ces bénéfices offrent toutefois une contrepartie, puisque l'alcool peut contribuer à élever le risque de certains cancers. Aussi, les personnes souffrant d'hypertension ou ayant un taux élevé de triglycérides dans le sang doivent limiter davantage leur consommation d'alcool. Les personnes qui surveillent leur poids doivent retenir que l'alcool est une source importante de calories.

ENTRÉE

||||||||||||||||||||||||||||||||||||||||||||||||||||||||||||||||||||||||||||||||||||

Soupe aux escargots
à la provençale

||||||||||||||||||||||||||||||||||||||||||||||||||||||||||||||||||||||||||||||||||||

4 PORTIONS | PRÉPARATION : 15 MIN | CUISSON : 30 À 35 MIN

4	tranches de pain à grains entiers	4
32	escargots	32
4 c. à thé	vin blanc	20 ml

Bouillon provençal au safran

4 t	bouillon de bœuf faible en sodium	1 L
1	bouquet de persil frais	1
2 c. à tab	fines herbes, hachées	30 ml
2	tomates, en dés	2
1	carotte, en rondelles	1
1	oignon, en rondelles	1
1	échalote française, hachée	1
2	gousses d'ail, hachées	2
4	pincées de safran	4
2 c. à thé	huile d'olive	10 ml
2 c. à thé	pastis	10 ml
1	pincée de poivre	1

1. Pour le bouillon provençal au safran : dans une casserole, verser le bouillon de bœuf. Ajouter la moitié du persil, les fines herbes, les tomates, la carotte, l'oignon, l'échalote, l'ail, le safran, l'huile d'olive et le pastis. Poivrer et laisser mijoter de 25 à 30 minutes à feu doux.

2. Griller les tranches de pain et les déposer sur le bord de 4 assiettes à soupe.

3. Rincer les escargots à l'eau froide. Dans une poêle, à feu doux, chauffer le vin et les escargots. Verser dans les assiettes à soupe.

4. Hacher le reste du persil et en parsemer les assiettes. Verser le bouillon sur les escargots. Ajouter les légumes et servir aussitôt.

Filets de truite en croûte de sarrasin gratinés au fromage de chèvre

4 PORTIONS | PRÉPARATION : 15 MIN | CUISSON : 10 À 15 MIN

1/4 t	échalotes françaises	60 ml
1/4 t	persil	60 ml
1/4 t	ciboulette	60 ml
1	tranche de pain de sarrasin, en morceaux	1
3 c. à tab	huile de canola	45 ml
1	jaune d'œuf	1
2 c. à tab	farine de sarrasin	30 ml
4	filets de truite	4
1	pincée de poivre	1
	le jus de 1 citron	
4 oz	fromage de chèvre, coupé en 4	120 g

1. Préchauffer le four à 350 °F (180 °C).

2. Au robot culinaire, hacher les échalotes, le persil et la ciboulette. Ajouter le pain, l'huile de canola, le jaune d'œuf et la farine. Mélanger jusqu'à l'obtention d'une pâte compacte et réserver.

3. Rouler les filets de truite en gros cigares et les déposer dans un plat allant au four. Poivrer. Enduire le dessus avec la pâte au sarrasin. Arroser de jus de citron, puis déposer les tranches de fromage de chèvre sur le tout.

4. Cuire au four de 10 à 15 minutes.

5. Servir bien chaud. Si désiré, accompagner d'une sauce tomate ou d'une sauce rosée maison.

Étagé de suprêmes de pintade et galettes de sarrasin

6 PORTIONS | PRÉPARATION : 30 MIN | REPOS : 2 H | CUISSON : 35 MIN

3 c. à thé	huile d'olive	15 ml
14 oz	suprêmes (poitrines) de pintade*	400 g
1	pincée de poivre	1
1/2 t	raisins verts	125 ml

Galettes de sarrasin

1/4 t	farine de sarrasin	60 ml
1/4 t	farine de blé	60 ml
1	œuf	1
3 c. à thé	huile d'olive	15 ml
1	pincée de sel	1
1/4 t	bière	60 ml
7 oz	lait 2 %	200 ml

Sauce au sarrasin

1/2 t	bière de sarrasin	125 ml
2 c. à tab	vinaigre de cidre	30 ml
7 oz	fond de veau	200 ml
1	pincée de sel	1
1	pincée de poivre	1
1/4 t	miel de sarrasin	60 ml

1. Pour les galettes de sarrasin : dans un bol, combiner les deux types de farine, l'œuf, 2 c. à thé (10 ml) d'huile d'olive et le sel. Incorporer la bière, puis le lait, et laisser reposer 2 heures.

2. Frotter un poêlon du reste de l'huile d'olive, chauffer et verser la pâte à raison d'environ 2 c. à thé (10 ml) par galette pour obtenir de petits ronds fins.

3. Pour la sauce au sarrasin : dans une casserole, combiner la bière de sarrasin et le vinaigre de cidre. À feu moyen-vif, faire réduire de moitié. Ajouter le fond de veau et laisser mijoter de 5 à 6 minutes. Ajouter le sel et le poivre, incorporer le miel en mélangeant bien, puis réserver.

4. Préchauffer le four à 350 °F (180 °C).

5. Pour cuire les suprêmes, chauffer 2 c. à thé (10 ml) d'huile dans une poêle allant au four. Faire colorer les suprêmes de chaque côté. Finir la cuisson au four environ 10 minutes. Poivrer, couper les suprêmes en petites tranches de même diamètre que les galettes et réserver.

6. Dans le poêlon ayant servi à cuire les galettes de sarrasin, chauffer le reste de l'huile d'olive. Faire sauter les raisins verts et réserver au chaud.

7. Pour le montage, commencer par mettre une galette de sarrasin dans le fond d'une assiette, puis superposer les tranches de pintade et les galettes de sarrasin afin d'obtenir 4 galettes et 3 suprêmes par bouchée. Déposer les raisins autour et dessiner un trait de sauce. Si désiré, servir avec des légumes au choix.

* Demandez à votre boucher de préparer les suprêmes de pintade.

PLAT PRINCIPAL

Sauté de bettes à carde avec poêlée de tofu mariné au soya

4 PORTIONS | PRÉPARATION : 15 MIN | CUISSON : 20 MIN | MARINADE : 15 MIN

1	bloc de tofu de 1 lb (454 g)	1
1/3 t	eau ou vin blanc	80 ml
2 c. à tab	sauce soya réduite en sodium	30 ml
1	pincée de poivre	1
1	botte de bettes à carde de 14 oz (400 g) environ	1
4 c. à thé	huile d'olive	20 ml
1	bouquet de persil frais, haché	1
2	gousses d'ail, hachées	2
2	échalotes françaises, hachées	2
2 t	épinards, équeutés	500 ml
2	tomates, en dés	2
1/2 t	radis rouges, en tranches	125 ml
1	filet de jus de citron	1
1/4 t	pacanes	60 ml

1. Couper le tofu en 8 à 10 tranches. Dans un bol, combiner la sauce soya, l'eau ou le vin et le poivre. Ajouter le tofu et laisser mariner environ 15 minutes.

2. Laver les bettes à carde. Séparer les feuilles et les côtes, puis couper les côtes en tronçons de 2 po (5 cm).

3. Dans un poêlon, chauffer la moitié de l'huile d'olive à feu doux et faire suer doucement les tronçons de bettes, le persil, l'ail et les échalotes environ 10 minutes. Ajouter les feuilles d'épinards et de bettes, puis les laisser fondre un peu. Ajouter les tomates et les radis, puis cuire environ 5 minutes. Transférer dans des assiettes de service.

4. Dans la même poêle, chauffer le reste de l'huile d'olive. Égoutter le tofu et réserver la marinade. Saisir les tranches de tofu des deux côtés. Ajouter la marinade et laisser mijoter de 3 à 4 minutes.

5. Arroser les légumes de jus de citron et déposer le tofu sur les légumes. Napper de la marinade et parsemer de pacanes.

Tartare de cerf rouge, confit d'oignons et griottes séchées

4 PORTIONS | PRÉPARATION : 20 MIN

2 c. à thé	huile d'olive	10 ml
1	filet de jus de citron	1
1 c. à tab	cornichons surs réduits en sodium, hachés finement	15 ml
2 c. à tab	échalotes françaises, hachées finement	30 ml
2 c. à tab	câpres, hachées finement	30 ml
14 oz	cerf rouge	400 g

Sauce

1	filet de jus de citron	1
1	pincée de sel	1
1	pincée de poivre	1
4 c. à thé	purée de griottes	20 ml

Garniture

1/4 t	confit d'oignons	60 ml
4	fleurs comestibles au choix (facultatif)	4
8	brins de ciboulette fraîche	8
2 c. à tab	griottes séchées	30 ml

1. Dans un bol, bien mélanger l'huile, le jus de citron, les cornichons, les échalotes et les câpres.

2. Hacher le cerf au couteau et l'incorporer à la vinaigrette. Mouler dans des cercles.

3. Pour la sauce : dans un bol, mélanger tous les ingrédients.

4. Pour la garniture : au centre de 4 assiettes de service, démouler les cercles de cerf et verser la sauce autour. Garnir chaque tartare de confit d'oignons, d'une fleur, de brins de ciboulette et de griottes séchées.

5. Servir accompagné d'une belle purée de céleri-rave et de pomme de terre (voir page 131) ou d'une salade au choix.

Choisir une huile d'olive

Il existe pas moins de 2 000 variétés d'huile d'olive et il est souvent difficile de s'y retrouver. Si l'étiquette indique « huile d'olive », il s'agit généralement d'une huile raffinée, d'un mélange d'huiles vierges et raffinées ou d'un produit combinant huiles d'olive, de soya, de noix ou de canola. Le terme « légère » porte sur la saveur ou la couleur de l'huile, et non sur sa teneur en gras. La mention extra vierge garantit que son taux d'acidité est inférieur à 1 %. Plus le taux d'acidité est faible, plus la qualité de l'huile est élevée. Enfin, assurez-vous qu'il y a une date de péremption sur le contenant : on dit que l'huile d'olive serait meilleure dans les six premiers mois de sa mise en bouteille et qu'elle perdrait son goût et ses vertus après deux ans.

Médaillons de thon blanc mi-cuit sur nid de mesclun

4 PORTIONS | PRÉPARATION : 15 MIN | CUISSON : 10 MIN

10 oz	longe de thon blanc albacore	300 g
3 c. à tab	huile d'olive	45 ml
1/2 t	pistaches concassées	125 ml
	le jus de 1 citron	
1 c. à thé	moutarde de Dijon	5 ml
2 c. à thé	vinaigre balsamique	10 ml
1/4 c. à thé	sel marin	1 ml
4	tours de poivre noir du moulin	4
2 à 3 t	micro-mesclun ou verdures au choix	500 à 750 ml
1/4 t	noix de Grenoble	60 ml
4	petites tomates, en julienne	4
1	avocat, pelé et coupé en tranches	1
4	tiges de ciboulette	4

1. Couper la longe de thon en 4 médaillons de même grosseur. Dans une poêle, chauffer 2 c. à thé (10 ml) d'huile d'olive et cuire le poisson environ 3 minutes de chaque côté. Déposer dans un plat et recouvrir de pistaches. Réserver au chaud.

2. Jeter l'huile de la poêle et déglacer au jus de citron. Ajouter la moutarde et le vinaigre balsamique en fouettant légèrement. Ajouter le reste de l'huile d'olive, saler et poivrer, puis réserver.

3. Dans des assiettes creuses, répartir le mesclun au centre, déposer les médaillons de thon blanc sur le tout et parsemer de noix de Grenoble. Garnir chaque médaillon de julienne de tomate et de tranches d'avocat. Napper de vinaigrette et décorer de ciboulette.

DIVES

Purée de céleri-rave et de pomme de terre

4 PORTIONS | PRÉPARATION : 10 MIN | CUISSON : 15 À 20 MIN

10 oz	pommes de terre	300 g
10 oz	céleri-rave	300 g
3	champignons	3
1	oignon	1
1 c. à tab	huile de canola	15 ml
1/2 t	lait 2 %	125 ml
1	bouquet de persil frais, haché	1
3	gousses d'ail	3
1	œuf	1
1	pincée de sel	1
1	pincée de poivre	1

1. Couper les pommes de terre, le céleri-rave, les champignons et l'oignon en morceaux. Dans une grande casserole d'eau bouillante légèrement salée, cuire les légumes jusqu'à ce qu'on puisse les écraser facilement à la fourchette. Égoutter.

2. Dans une casserole, chauffer l'huile, le lait, le persil et l'ail. Réserver.

3. Réduire les légumes en purée, ajouter l'œuf et bien mélanger. Verser le lait chaud sur la purée et remuer en formant des cercles pour obtenir une texture homogène. Saler et poivrer.

4. Servir rapidement en accompagnement des viandes ou des poissons.

DESSERT

Pain aux carottes et aux raisins, sauce yogourt aux pêches

8 TRANCHES PAR GÂTEAU | PRÉPARATION : 40 MIN | CUISSON : 1 H

3/4 t	raisins secs	180 ml
1/4 t	eau bouillante	60 ml
2/3 t	farine blanche	160 ml
2/3 t	farine de blé entier	160 ml
1 c. à thé	gingembre frais, râpé	5 ml
1 c. à thé	bicarbonate de soude	5 ml
1 c. à thé	levure chimique (poudre à pâte)	5 ml
2	œufs	2
3 c. à tab	huile de canola	45 ml
3/4 t	yogourt 1 %	180 ml
1/3 t	sucre de canne	80 ml
1 c. à thé	extrait de vanille	5 ml
1 t	carottes, râpées finement	250 ml
1 c. à thé	margarine non hydrogénée	5 ml
2 c. à tab	flocons d'avoine	30 ml
3/4 t	yogourt 0 %	180 ml
1 c. à tab	sirop d'érable	15 ml
3	pêches, pelées et dénoyautées	3
4	brins de menthe fraîche	4

1. Préchauffer le four à 350 °F (180 °C).

2. Dans un bol, faire gonfler les raisins secs dans l'eau bouillante.

3. Entre-temps, combiner et tamiser les deux types de farine. Dans un bol, mélanger les farines, le gingembre, le bicarbonate de soude et la levure chimique. Réserver.

4. Dans un grand bol, au batteur à main, battre les œufs pour les faire mousser, tout en incorporant l'huile de canola.

5. Au mélange d'œufs, ajouter le yogourt 1 %, le sucre de canne, la vanille, les carottes et les raisins égouttés. Mélanger délicatement et incorporer le mélange de farines.

6. Enduire un moule à pain en aluminium de margarine et verser la pâte. Saupoudrer de flocons d'avoine et cuire au four environ 1 heure. Laisser refroidir avant de démouler. Couper en tranches.

7. Dans un bol, mélanger le yogourt avec le sirop d'érable. Tailler 2 pêches en petits dés (brunoise) et l'autre en fines tranches.

8. Déposer 1 tranche de pain aux carottes par assiette. Garnir de pêches en brunoise et napper de sauce au yogourt. Décorer avec les tranches de pêche en éventail et les brins de menthe.

Crêpes Suzette santé

4 PORTIONS | PRÉPARATION : 30 MIN | RÉFRIGÉRATION : 1 À 2 H | CUISSON : 20 MIN

Crêpes

1/4 t	farine blanche	60 ml
1/4 t	farine de blé entier	60 ml
1	pincée de sel	1
1 c. à thé	huile de canola	5 ml
2	œufs	2
2/3 t	lait 1 %	160 ml
1 c. à thé	huile (pour la cuisson)	5 ml

Garniture

1/2 t	yogourt 1 %	125 ml
1 c. à tab	sirop d'érable	15 ml
1	orange	1
1	citron	1
1 t	bleuets frais	250 ml
1/4 t	cognac	60 ml
1/4 t	amandes grillées	60 ml
8	feuilles de menthe fraîche	8

Sirop à la fleur d'oranger

3 c. à tab	sucre de canne	45 ml
2/3 t	jus d'orange	160 ml
	quelques gouttes d'eau de fleur d'oranger ou de Grand Marnier	

1. Pour les crêpes : dans un bol, fouetter ensemble les deux types de farine, le sel, l'huile de canola et les œufs. Délayer graduellement avec le lait pour obtenir une pâte lisse. Passer au tamis et réfrigérer de 1 à 2 heures.

2. Huiler une poêle antiadhésive. Verser une fine couche de pâte de 8 po (20 cm) de diamètre et cuire. Quand le contour commence à se détacher, retourner la crêpe et cuire quelques secondes. Réserver dans un plat. Répéter l'opération sans graisser la poêle pour obtenir 8 crêpes au total.

3. Pour la garniture : dans un bol, mélanger le yogourt et le sirop d'érable, puis réfrigérer.

4. À l'aide d'un zesteur, préparer des juliennes de zestes d'orange et de citron, puis réserver. Presser le citron et réserver le jus. Avec un couteau, retirer la pelure de l'orange et tailler chaque section (suprêmes). Réserver.

5. Pour le sirop à la fleur d'oranger : dans une poêle, combiner le sucre de canne et le jus de citron réservé. Laisser caraméliser légèrement à feu moyen-doux. Incorporer le jus d'orange et les zestes, puis faire réduire pour obtenir un sirop onctueux. Ajouter l'eau de fleur d'oranger.

6. Déposer les crêpes pliées en deux dans la poêle, les laisser s'imbiber du sirop, puis les plier en quatre. Ajouter les bleuets et flamber les crêpes au cognac.

7. Transférer 2 crêpes dans chaque assiette de service. Ajouter une belle noix de yogourt à l'érable sur chaque crêpe, garnir de suprêmes d'orange, parsemer d'amandes grillées et verser le sirop à côté des crêpes. Décorer de feuilles de menthe.

Utilisez aussi ce sirop à la fleur d'oranger pour rehausser vos salades de fruits.

Michael Makhan

Aux vivres

4631, BOUL. SAINT-LAURENT, MONTRÉAL 514 842-3479

Michael Makhan a 18 ans quand il décide de devenir végétarien : « C'était ma façon à moi de protester contre l'élevage industriel du bétail. Puis j'ai perdu du poids, je me sentais mieux dans ma peau. De choix social, le végétarisme s'est transformé en choix santé. »

En 1997, il quitte sa Nouvelle-Écosse natale pour venir apprendre le français à Montréal. À son arrivée, il trouve du travail au restaurant végétalien Aux Vivres, qu'il achètera quelques années plus tard. Son frère Liam se joindra éventuellement à l'aventure pour guider la vision unique de l'établissement.

Pour le chef Makhan, le beau défi d'Aux Vivres consiste à inviter les gens à manger des aliments auxquels ils sont moins habitués. Et il y parvient de manière convaincante. « Il suffit simplement d'aimer manger pour apprécier une table comme la nôtre. » Aux Vivres, les chapatis aux poivrons rôtis, les sandwichs à la noix de coco fumée, le chili avec guacamole, le burger jardinier, le pain maison et les généreux smoothies créent une véritable accoutumance.

Mais attention, végétalisme ne signifie pas nécessairement santé ! « Après tout, les frites sont aussi végétaliennes, dit-il. Pour bien manger, il faut éviter les aliments qui ont subi une grande transformation, comme les farines raffinée par exemple. Pour le reste, c'est une question de modération. »

Son plus grand défi en tant que végétalien ? Manger au restaurant ! « Quand on ne consomme aucun produit d'origine animale, il faut savoir cuisiner pour soi à moins d'aimer vraiment la salade puisque c'est souvent le seul choix végétalien au menu des restaurants. » C'est pourquoi le chef a accepté d'adapter pour nous 10 de ses recettes en version allégée, ce qui prouve que « la cuisine n'a pas besoin d'être compliquée pour être bonne. Il suffit de choisir des ingrédients de qualité et de laisser libre cours à son instinct culinaire… ».

« La cuisine n'a pas besoin d'être
compliquée pour être bonne.
Il suffit de choisir des ingrédients
de qualité et de laisser libre cours
à son instinct culinaire... »

Divers

Végépâté maison

Entrées

Soupe froide à l'avocat et au concombre

Gaspacho aux tomates rôties

Plats principaux

Gratin d'aubergines à la grecque (moussaka)

Korma indien aux légumes et au tofu

Hamburgers jardiniers

Gado-gado (salade indonésienne de nouilles froides)

Desserts

Truffes « Énergie »

Martini « Creamsicle »

Martini à l'ananas, au céleri et à la banane

DIVERS

Végépâté maison

8 PORTIONS | PRÉPARATION : 5 MIN | CUISSON : 35 MIN

2 t	graines de tournesol	500 ml
2 t	patates douces, pelées et coupées en cubes	500 ml
4 t	oignons, hachés	1 L
1 t	eau	250 ml
1/4 t	vinaigre de cidre	60 ml
2 c. à thé	romarin séché	10 ml
2 c. à thé	thym séché	10 ml
1 c. à thé	origan séché	5 ml
1 c. à thé	poivre noir du moulin	5 ml
1/2 t	farine de blé entier ou farine d'épeautre	125 ml
1/3 t	huile de canola	80 ml
1/2 t	levure alimentaire	125 ml

1. Préchauffer le four à 350 °F (180 °C).

2. À l'aide du robot culinaire, moudre finement les graines de tournesol et réserver dans un grand bol.

3. À l'aide du robot culinaire, réduire en purée lisse les patates douces, les oignons, l'eau, le vinaigre et les fines herbes. Ajouter un peu d'eau si le mélange devient trop dur ou difficile à mélanger. Verser dans le bol.

4. Ajouter le reste des ingrédients et bien mélanger. Verser dans un plat de cuisson légèrement huilé et lisser le dessus avec le dos d'une cuillère.

5. Cuire au four de 35 à 40 minutes, jusqu'à ce que le dessus du pâté soit doré. Retirer le plat du four et laisser refroidir avant de servir.

NOTE

Ce pâté est délicieux en sandwich garni de tomates, de laitue et de mayonnaise. Vous pouvez aussi le servir à la façon d'un pâté traditionnel, avec du pain frais et des marinades.

Soupe froide à l'avocat et au concombre

4 PORTIONS | PRÉPARATION : 5 MIN

2	concombres anglais, pelés	2
2	branches de céleri, filaments enlevés	2
3	avocats bien mûrs, pelés et dénoyautés	3
4 t	bouillon de légumes faible en sodium* ou eau	1 L
1 c. à thé	ail en purée	5 ml
2 c. à tab	jus de lime	30 ml
1 c. à thé	sel (facultatif)	5 ml
	coriandre fraîche, hachée (pour la garniture)	

1. Couper le concombre et le céleri en cubes et les déposer dans le bol du robot culinaire ou du mélangeur.

2. Ajouter le reste des ingrédients et réduire en purée lisse et crémeuse.

3. Garnir de coriandre et servir avec des nachos de maïs et de la salsa, si désiré.

* Certains bouillon de légumes du commerce étant très salés, goûtez la soupe avant d'ajouter le sel.

ENTRÉE

Gaspacho aux tomates rôties

3 OU 4 PORTIONS | PRÉPARATION : 5 MIN | CUISSON : 10 MIN

1	poivron rouge	1
	huile d'olive	
4	grosses tomates mûres	4
2 t	jus de tomate faible en sodium	500 ml
1 t	eau	250 ml
1	gros concombre anglais, pelé et haché	1
1	branche de céleri, filaments enlevés, hachée	1
2 c. à tab	jus de citron frais	30 ml
2 c. à tab	vinaigre de vin rouge	30 ml
1 c. à tab	ail en purée	15 ml
1/8 c. à thé	sel marin	0,5 ml
1 c. à thé	paprika	5 ml
1/2 t	persil frais, haché	125 ml

1. Couper le poivron en quartiers, évider et épépiner.

2. Badigeonner légèrement d'huile d'olive les quartiers de poivron et les tomates. Déposer sur une plaque de cuisson et rôtir sous le gril du four en les retournant toutes les 2 minutes, jusqu'à ce qu'ils soient tendres. Laisser refroidir et retirer la peau.

3. Transférer dans le bol du robot culinaire et ajouter le reste des ingrédients, sauf le persil. Mélanger jusqu'à consistance semi-lisse. (Ne pas réduire complètement en purée ; le gaspacho doit offrir un certain croquant.)

4. Incorporer le persil avant de servir, avec du pain à l'ail, si désiré.

Gratin d'aubergines à la grecque (moussaka)

4 PORTIONS | PRÉPARATION : 15 MIN | CUISSON : 1 H 30

1	grosse aubergine	1
1 c. à thé	sel	5 ml
8 t	pommes de terre, pelées et coupées en gros dés	2 L
1 c. à tab	ail en purée	15 ml
1 t	lait 2 %*	250 ml
4 c. à tab	huile d'olive	60 ml
2 t	oignons, hachés	500 ml
4 t	lentilles brunes, cuites et égouttées	1 L
1 c. à tab	tamari ou sauce soya réduit en sodium	15 ml
1 c. à thé	thym	5 ml
1 c. à thé	origan séché	5 ml
1 c. à thé	cumin	5 ml
1/2 c. à thé	poivre noir frais moulu	2 ml
1/2 c. à thé	cannelle moulue	2 ml
2	pincées de paprika	2

1. Préchauffer le four à 350 °F (180 °C).

2. Tailler l'aubergine en rondelles de 1/2 po (1 cm) d'épaisseur. Déposer dans un bol, saupoudrer de sel et réserver.

3. Entre-temps, dans une casserole d'eau bouillante légèrement salée, cuire les pommes de terre environ 15 minutes, jusqu'à tendreté. Égoutter et réduire en purée avec 1 c. à thé (5 ml) de purée d'ail et le lait. Réserver.

4. Dans un poêlon profond, chauffer 3 c. à tab (45 ml) d'huile d'olive à feu moyen-vif et faire dorer légèrement les oignons. Réduire à feu moyen, ajouter le reste de l'ail et cuire 1 minute. Réduire à feu doux, ajouter les lentilles, le tamari, les fines herbes et les épices, sauf le paprika. Laisser mijoter 10 minutes. Rectifier l'assaisonnement, au goût et réserver.

5. Rincer les tranches d'aubergine et les assécher à l'aide de papier essuie-tout. Bien badigeonner chaque côté du reste de l'huile d'olive, transférer sur une plaque de cuisson et cuire au four 25 minutes jusqu'à coloration dorée.

6. Dans un grand plat à gratin, verser le mélange de lentilles en tassant bien. Recouvrir des tranches d'aubergine, puis de la purée de pommes de terre. Lisser la surface avec le dos de la cuillère.

7. Saupoudrer de paprika et cuire au four de 35 à 40 minutes.

* Vous pouvez remplacer le lait par de la boisson de soya nature additionnée de 1 c. à tab (15 ml) d'huile d'olive.

VARIANTES

Si désiré, décorer le gratin de tranches de tomate ou le recouvrir d'une couche de sauce béchamel ou de crème sure légère avant la cuisson finale au four.

PLAT PRINCIPAL

|||||||||||||||||||||||||||||||||||||||||||||||||||||||||||||||||||||||||

Korma indien aux légumes et au tofu

|||||||||||||||||||||||||||||||||||||||||||||||||||||||||||||||||||||||||

4 PORTIONS | PRÉPARATION : 15 MIN | CUISSON : 25 MIN

2 c. à tab	huile de canola	30 ml
2	oignons moyens, hachés	2
1 c. à thé	graines de cumin	5 ml
1 c. à tab	ail en purée	15 ml
1 c. à tab	gingembre en purée	15 ml
3/4 t	eau	180 ml
1	boîte de 14 oz (398 ml) de lait de coco léger	1
1 c. à thé	sucre	5 ml
2 c. à tab	poudre de cari	30 ml
1/4 c. à thé	cardamome moulue	1 ml
1 c. à thé	curcuma	5 ml
1/4 c. à thé	poivre de Cayenne	1 ml
1	carotte, en dés	1
1	pomme de terre moyenne non pelée, en dés	1
2 t	tofu ferme ou fromage indien paneer	500 ml
1	courgette, en dés	1
1 t	petits pois	250 ml
1	poivron rouge, en dés	1
1/4 t	coriandre fraîche, hachée	60 ml

1. Dans une casserole, à feu moyen-vif, chauffer l'huile de canola. Faire sauter les oignons et les graines de cumin jusqu'à coloration bien dorée.

2. Réduire le feu, puis ajouter l'ail et le gingembre. En mélangeant, incorporer l'eau, le lait de coco, le sucre et les épices.

3. Ajouter les carottes et les pommes de terre, porter à ébullition et cuire. Quand les carottes sont tendres, ajouter le tofu, les courgettes, les petits pois, le poivron et la coriandre.

4. Réduire à feu doux et faire mijoter 1 minute ou jusqu'à ce que les courgettes aient ramolli.

5. Servir brûlant, accompagné de riz basmati ou de pain naan bien chaud.

PLAT PRINCIPAL

Hamburgers jardiniers

12 PORTIONS | PRÉPARATION : 20 MIN | TREMPAGE : 5 MIN | CUISSON : 30 MIN

6 t	protéines végétales texturées*	1,5 L
6 t	eau chaude	1,5 L
3/4 t	graines de tournesol	180 ml
3/4 t	oignons, hachés	180 ml
1/2 t	ketchup faible en sodium	125 ml
1/4 t	moutarde	60 ml
1 c. à thé	poudre de céleri	5 ml
2 c. à tab	sauce soya ou tamari réduit en sodium	30 ml
2 c. à tab	huile de canola	30 ml
3/4 t	carottes, râpées	180 ml
3/4 t	betteraves, râpées	180 ml
2 t	farine de gluten*	500 ml

1. Préchauffer le four à 350 °F (180 °C).

2. Dans un bol, faire tremper les protéines végétales dans l'eau chaude pendant 5 minutes. Égoutter dans un tamis ou une étamine (mousseline à fromage) en pressant pour retirer l'excédent d'eau. Réserver dans un grand bol.

3. À l'aide du robot culinaire, moudre finement les graines de tournesol. Ajouter les oignons et réduire en purée. Réserver dans un bol.

4. Ajouter le reste des ingrédients, sauf la farine de gluten, et mélanger à la main jusqu'à consistance homogène. Incorporer la farine de gluten, un peu à la fois, en continuant de bien mélanger.

5. Façonner le mélange en 12 galettes de 3 1/2 po (9 cm) de diamètre sur 3/4 po (2 cm) d'épaisseur. Disposer les galettes sur une plaque à cuisson huilée et cuire au four 30 minutes en retournant à la mi-cuisson.

* En vente dans les magasins d'aliments naturels.

NOTE

Ces hamburgers peuvent facilement être préparés la veille. Vous n'aurez qu'à les faire cuire la journée même et à les servir sur des pains à hamburger grillés, garnis de vos condiments préférés.

||||||||||||||||||||||||||||||||||||||||||||||||||||||||||||||||||||||||||||||||||||||||||||||||||||||||

Gado-gado (salade indonésienne de nouilles froides)

||||||||||||||||||||||||||||||||||||||||||||||||||||||||||||||||||||||

4 PORTIONS | PRÉPARATION : 5 MIN | CUISSON : 30 MIN | MARINADE : 1 H MINIMUM

8 oz	nouilles de haricots mungo ou soba (ou spaghettis)	250 g
1	bloc de tofu ferme (1 lb/454 g)	1
1 c. à tab	huile de canola	15 ml
2	poivrons rouges	2
2	concombres	2
2	bok choy	2
1	grosse carotte	1
3 t	germes de haricot	750 ml
1 ou 2	oignons verts, hachés	1 ou 2

Marinade à l'érable et au sésame

1 t	eau	250 ml
1/2 t	sauce soya ou tamari réduit en sodium	125 ml
2 c. à tab	sirop d'érable	30 ml
1 c. à thé	huile de sésame	5 ml

Sauce à l'arachide (donne 16 portions)

2 t	beurre d'arachide naturel (100 % arachides)	500 ml
1 c. à tab	ail en purée	15 ml
1/4 t	jus de lime	60 ml
1/2 c. à thé	sel	2 ml
2 t	eau	500 ml
2 c. à tab	sirop d'érable	30 ml
1	piment fort	1
4	feuilles de lime kaffir* (combava)	4
1/2 t	gingembre frais, pelé et coupé en tranches	125 ml
1/4 t	huile de canola	60 ml
1 c. à thé	huile de sésame	5 ml

1. Cuire les pâtes en suivant les indications inscrites sur l'emballage. Égoutter et rincer jusqu'à ce qu'elles soient froides. Réserver.

2. Couper le tofu en cubes de 1 po (2,5 cm). Dans un grand bol, combiner les ingrédients de la marinade. Ajouter les cubes de tofu et bien les enrober. Couvrir et réfrigérer au moins 1 heure.

3. Égoutter le tofu. Dans un poêlon, chauffer 1 c. à tab (15 ml) d'huile de canola et faire dorer le tofu. Réserver.

4. Pour la sauce à l'arachide : au robot culinaire ou au mélangeur, combiner tous les ingrédients et mélanger jusqu'à consistance lisse. (Si on utilise un mélangeur, verser l'eau avant le beurre d'arachide.) Rectifier l'assaisonnement : en ajoutant plus de piment fort si on aime la sauce piquante ou un peu de tamari si on préfère la sauce salée. Réserver.

5. Bien rincer et couper tous les légumes (sauf les germes de haricot et les oignons verts) en bâtonnets minces. Combiner dans un bol.

6. Pour monter chaque salade, verser un peu de sauce à l'arachide dans des assiettes. Déposer un nid de nouilles froides au centre. Garnir du mélange de légumes, puis de cubes de tofu. Napper de sauce à l'arachide. Décorer de germes de haricot et d'oignons verts, puis servir aussitôt.

* En vente dans les épiceries asiatiques.

DESSERT

Truffes « Énergie »

15 BOULES | PRÉPARATION : 10 MIN

1 t	dattes dénoyautées, bien tassées	250 ml
1/4 t	amandes	60 ml
1/4 t	brisures de chocolat noir	60 ml
1/4 t	graines de lin	60 ml
1 c. à thé	zeste de lime, râpé	5 ml
1 c. à thé	zeste de citron, râpé	5 ml
1/4 c. à thé	sel	1 ml
1/4 t	graines de tournesol	60 ml
1/4 t	graines de citrouille	60 ml
1/3 t	raisins secs	80 ml
1/4 t	noix de coco non sucrée, râpée	60 ml

1. S'assurer qu'il ne reste pas de noyaux dans les dattes. À l'aide d'un couteau, les hacher en petits morceaux (elles sont très difficiles à hacher au robot culinaire).

2. Dans le robot culinaire, combiner tous les ingrédients, sauf les dattes, les raisins secs et la noix de coco. Réduire le tout en purée. Ajouter les dattes et les raisins secs, puis pulser à quelques reprises jusqu'à ce que le mélange commence à s'agglutiner.

3. Retirer le mélange du robot culinaire et former de petites boules. Rouler dans la noix de coco et servir.

Chocolat noir et dent sucrée

Le chocolat noir qui contient au moins 70 % de cacao renferme plus d'antioxydants et moins de sucre que les autres variétés. Le chocolat noir a toutefois une teneur élevée en gras (surtout en gras saturés). Toutefois, il s'agit principalement d'acide stéarique qui, contrairement aux autres gras saturés, ne semble pas augmenter le risque de maladies cardiovasculaires. Assurez-vous que la liste des ingrédients qui figure sur l'étiquette se limite à ceux-ci : pâte de cacao, beurre de cacao, sucre, faible quantité de lécithine et arômes naturels. Malgré ses atouts attrayants, le chocolat noir doit être savouré à petites doses à cause de son apport calorique et de sa teneur élevée en gras.

Martini « Creamsicle »

4 PORTIONS | PRÉPARATION : 5 MIN

3 t	glaçons	750 ml
2/3 t	jus de carotte	160 ml
2/3 t	lait 2% (ou boisson de soya)	160 ml
2/3 t	concentré de jus d'orange	160 ml
1/2 c. à thé	vanille	2 ml
1 c. à tab	sirop d'érable	15 ml

1. Combiner tous les ingrédients au mélangeur jusqu'à consistance lisse. Servir dans de jolis verres à cocktail de style martini.

DESSERT

Martini à l'ananas, au céleri et à la banane

4 PORTIONS | PRÉPARATION : 5 MIN

2 t	glaçons	500 ml
1	banane	1
2/3 t	ananas	160 ml
2	branches de céleri, hachées	2
1/3 t	concentré de jus d'orange	80 ml
1/2 t	épinards frais	125 ml
2 c. à tab	sirop d'érable	30 ml

1. Combiner tous les ingrédients au mélangeur jusqu'à consistance lisse. Servir dans de jolis verres à cocktail de style martini.

Jean-Baptiste Marchand

La Fabrique

3609, RUE SAINT-DENIS, MONTRÉAL 514 544-5038

« C'est juste de la nourriture. » Avouons que ce mantra de Jean-Baptiste Marchand est plutôt étonnant. Pour ce jeune chef né dans le Languedoc-Roussillon et venu au Québec sur l'invitation d'amis canadiens, bien manger se doit d'être un plaisir et non un casse-tête. Sa feuille de route cumule pourtant les grandes adresses. Il a bossé chez Alain Ducasse à Paris, Pierre Gagnaire à Londres et Laurent Godbout à Montréal avant d'ouvrir son premier resto, en 2008.

À La Fabrique, vous découvrirez une cuisine qui n'a rien de minceur. Le chef a d'ailleurs dû se plonger dans la lecture de livres santé afin de pouvoir mieux relever le défi posé par cet ouvrage. Le burger à l'émincé de porc, le tartare relevé de ketchup, le pied de porc à la crème et la blanquette de joues de bœuf comptent parmi les spécialités les plus appréciées de sa clientèle. Présentées ici en version allégée, la morue au basilic et la tarte fine à la marmelade de champignons figurent régulièrement au menu de la maison.

Lui qui a travaillé à Beijing, il avoue se passionner pour le courant asiatique et le crudivorisme, pourtant situés à mille lieues de son menu gourmand habituel. Quel conseil aimerait-il donner à ceux qui veulent cuisiner santé ? « Sans crème ni beurre pour masquer les aliments, la simplicité est de mise. Il faut utiliser de beaux produits et les travailler avec soin. »

Si on lit bien le menu qu'il nous propose, il faut aussi oser utiliser les ingrédients exotiques pour dépayser nos papilles et les faire voyager de surprise en séduction...

Entrées

Salade de germes de soya et de fraises au basilic thaï

Soupe de carotte à la rhubarbe et au cumin

Choux à la méditerranéenne

Taboulé mi-figue, mi-raisin

Divers

Marinade de concombres libanais

Plats principaux

Sauté de poulet et méli-mélo de légumes au sésame

Tartes fines à la marmelade de champignons au balsamique

Morue de l'Atlantique au basilic

Maquereau en escabèche à l'espagnole

Desserts

Crêpes aux bleuets et aux pistaches, petits pots de chocolat

« Sans crème ni beurre pour masquer les aliments, la simplicité est de mise. Il faut utiliser de beaux produits et les travailler avec soin. »

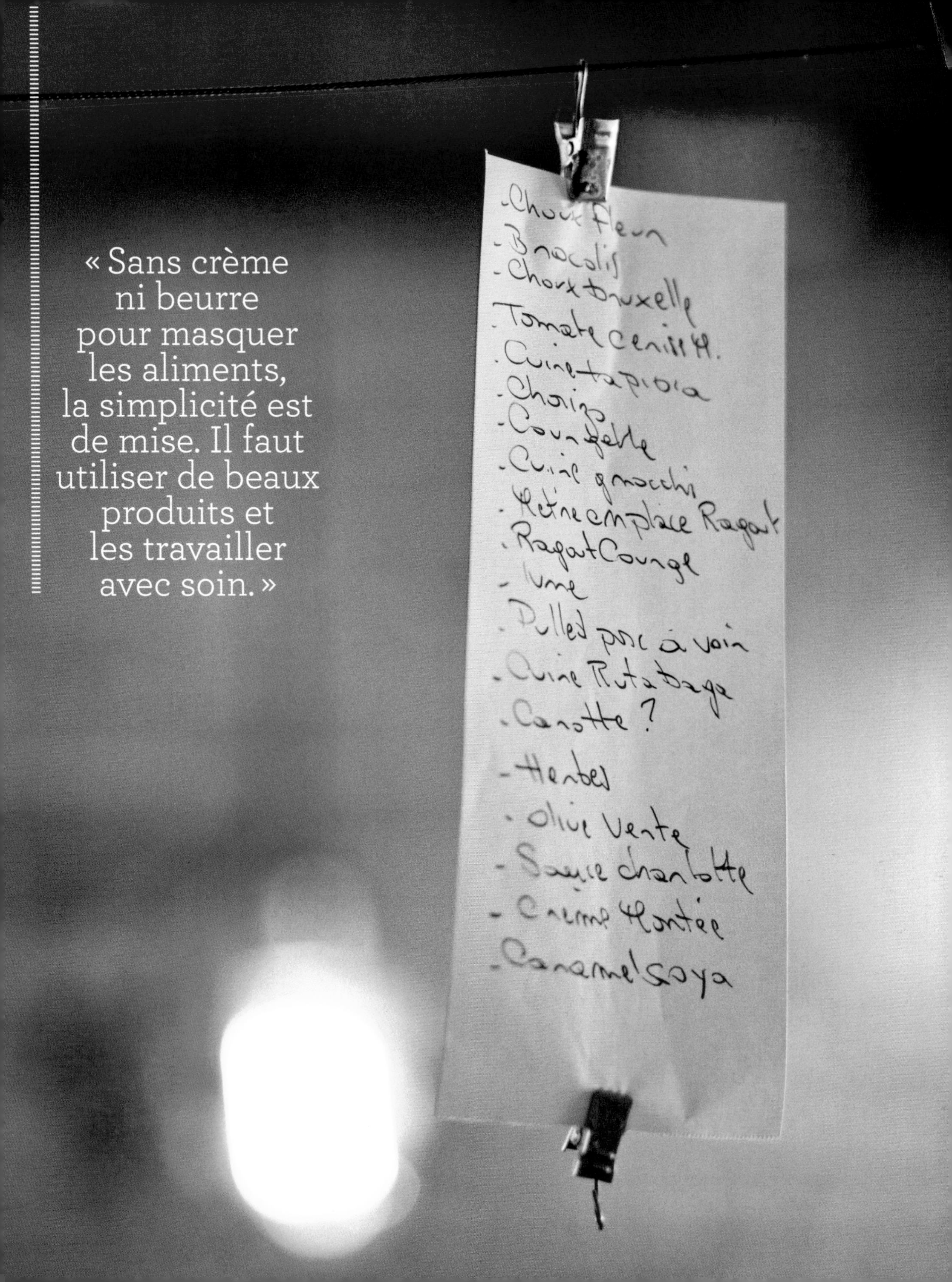

- Choux Fleur
- Brocolis
- Choux bruxelle
- Tomate cerise H.
- Cuire tapioca
- Choriz
- Courgette
- Cuire gnocchi
- Retire emplace Ragout
- Ragout Courge
- lune
- Pulled porc à voir
- Cuire Rutabaga
- Carotte ?

- Herbes
- Olive Verte
- Sauce charlotte
- Crème Montée
- Caramel soya

Salade de germes de soya et de fraises au basilic thaï

4 PORTIONS | PRÉPARATION : 5 MIN

3 c. à tab	petits pois au wasabi	45 ml
2 c. à tab	arachides sans sel	30 ml
2 c. à tab	huile de canola	30 ml
4 c. à thé	sirop d'érable	20 ml
1/4 c. à thé	sel	1 ml
1	pincée de poivre du Sichuan	1
4	poignées de germes de soya	4
1	botte de basilic thaï, émincée	1
1	cassot de fraises, en dés	1
1/4 t	vinaigre balsamique (5 ou 7 ans d'âge, de préférence)	60 ml

1. Concasser grossièrement les petits pois au wasabi et les arachides.

2. Dans un bol, préparer la vinaigrette en fouettant l'huile, le sirop d'érable, le sel et le poivre.

3. Combiner tous les ingrédients dans un saladier et servir sans tarder afin que le tout reste bien croquant.

ENTRÉE

Soupe de carotte à la rhubarbe et au cumin

4 PORTIONS | PRÉPARATION : 15 MIN | CUISSON : 1 H

1 c. à tab	huile d'olive extra vierge	15 ml
2	oignons, émincés finement	2
2	gousses d'ail, émincées finement	2
2	tiges de rhubarbe ou 1 lb (450 g) de rhubarbe surgelée, coupées grossièrement	2
2 c. à tab	cumin	30 ml
1	pincée de poivre noir du moulin	1
2 lb	carottes, en petits dés	1 kg
1 t	jus d'orange	250 ml
1 c. à thé	sauce soya réduite en sodium	5 ml

1. Dans une casserole, chauffer l'huile d'olive à feu doux. À couvert, faire suer les oignons, l'ail, la rhubarbe, le cumin et le poivre jusqu'à ce que les légumes soient tendres.

2. Ajouter les carottes, le jus d'orange et, si nécessaire, suffisamment d'eau pour recouvrir les légumes d'au moins 1 po (2,5 cm). Couvrir et laisser mijoter à feu doux environ 45 minutes, jusqu'à ce que les carottes soient tendres.

3. Passer la soupe et la sauce soya au mélangeur jusqu'à l'obtention d'une belle consistance homogène. Servir chaud ou froid.

Choux à la méditerranéenne

8 PORTIONS | PRÉPARATION : 25 MIN | CUISSON : 15 MIN

1	contenant de choux de Bruxelles	1
4	filets d'anchois en conserve	4
1/4 t	huile d'olive	60 ml
2	citrons	2
1	chou nappa, en rubans	1
2	brocolis, séparés en petits bouquets	2
2	choux-fleurs, séparés en petits bouquets	2
4	échalotes françaises, ciselées	4
3	gousses d'ail, écrasées	3
1	bloc de tofu (1 lb/454 g)*, en dés de 1/2 po (1 cm)	1
16	olives Kalamata, dénoyautées et coupées en deux	16
4	tomates séchées dans l'huile, égouttées et coupées en dés	4
2 c. à thé	vin blanc sec	10 ml
2 t	bouillon de légumes faible en sodium	500 ml
1 c. à tab	gingembre frais, râpé	15 ml
1 c. à thé	citronnelle fraîche, râpée (ou jus de citron)	5 ml
	quelques brins de basilic thaï, effeuillés	
1	trait de purée de piment fort (sambal oelek), au goût (facultatif)	1

1. Effeuiller l'extérieur des choux de Bruxelles et émincer l'intérieur, à la mandoline, si désiré. Réserver.

2. Écraser les filets d'anchois dans la moitié de l'huile d'olive et réserver. Peler les citrons à vif et prélever les suprêmes (quartiers) en retirant la membrane autour. Réserver.

3. Dans une casserole d'eau bouillante légèrement salée, faire blanchir le chou nappa, les brocolis et les choux-fleurs pendant 2 minutes, puis plonger dans un bol d'eau glacée pour arrêter la cuisson. Bien égoutter et réserver.

4. Dans une casserole à feu moyen-doux, chauffer le reste de l'huile d'olive et faire suer les échalotes et l'ail en évitant toute coloration. Ajouter le tofu, les choux blanchis, les olives, les tomates séchées, le vin blanc, le bouillon, le gingembre et la citronnelle, puis porter à ébullition.

5. Ajouter les suprêmes de citron, les filets d'anchois dans l'huile et le basilic thaï. Relever de sambal oelek, si désiré.

6. Verser quelques gouttes d'huile d'olive sur les choux de Bruxelles et bien enrober. Répartir le mélange de légumes dans 8 assiettes et garnir de choux de Bruxelles. Servir aussitôt.

* Si désiré, vous pouvez remplacer le tofu par des crevettes ou des pétoncles.

ENTRÉE

Taboulé mi-figue, mi-raisin

8 PORTIONS | PRÉPARATION : 25 MIN | CUISSON : 8 MIN | TREMPAGE : 15 MIN

1 t	couscous de blé entier	250 ml
3 c. à tab	huile d'olive	45 ml
1/2 t	figues séchées	125 ml
1/2 t	raisins de Corinthe	125 ml
1/2	botte de coriandre	1/2
1/2	botte de menthe	1/2
1/2	botte de basilic	1/2
1	citron	1
1/2 t	petits raisins frais	125 ml
1/2 t	figues fraîches	125 ml
1	mangue mûre, en petits dés	1
1	orange, en suprêmes	1
3 c. à tab	noix de pin, grillées	45 ml

Vinaigrette au miel

2 c. à thé	miel	10 ml
1/3 t	vinaigre de cidre	80 ml
1/3 t	huile d'olive	80 ml
1/3 t	huile d'argan* ou de canola	80 ml
	le jus de 2 citrons	

1. Dans une casserole d'eau bouillante légèrement salée, cuire le couscous 8 minutes. Rincer, égoutter, déposer dans un bol et arroser de l'huile d'olive. Couvrir de pellicule plastique et réserver.

2. Découper les figues en petits dés et les déposer dans un bol avec les raisins de Corinthe. Recouvrir d'eau bouillante et laisser gonfler.

3. Laver, essorer et émincer les fines herbes délicatement. Réserver au réfrigérateur.

4. Peler le citron à vif, prélever les quartiers (suprêmes) et les couper en petits dés.

5. Pour la vinaigrette au miel : fouetter ensemble tous les ingrédients.

6. Dans un grand saladier, combiner le couscous, les fruits séchés et frais, les noix de pin, ainsi que les fines herbes. Arroser de vinaigrette et servir aussitôt.

* Vous trouverez de l'huile d'argan dans les épiceries fines.

NOTE

Pour faire gonfler les fruits séchés, vous pouvez préparer une eau aromatisée. Faites bouillir 4 tasses (1 L) d'eau et ajoutez-y du romarin frais, un bâton de cannelle et du zeste d'agrumes ou un peu d'eau de fleur d'oranger. Déposez les fruits séchés dans un contenant hermétique, recouvrez de cette eau et faites gonfler à température ambiante quelques heures ou même un jour ou deux.

DIVERS

Marinade de concombres libanais

4 POTS DE 1 L (32 PORTIONS) | PRÉPARATION : 1 H | CUISSON : 10 MIN | MARINADE : 6 JOURS

12	concombres libanais	12
2 lb	gros sel	1 kg
12	petits oignons blancs, coupés en huit	12
4	gousses d'ail, écrasées	4
4	branches d'estragon	4
2 c. à tab	curcuma	30 ml
16 tasses	vinaigre blanc	4 L
1 lb	sucre blanc	450 g
1 c. à thé	flocons de piment fort	5 ml
1 c. à tab	graines de coriandre	15 ml
1 c. à tab	graines de moutarde	15 ml

1. Rincer et couper les concombres en tranches fines. Les déposer dans un tamis, saupoudrer de gros sel et laisser dégorger pendant 40 minutes.

2. Entre-temps, dans une casserole, combiner le reste des ingrédients et faire bouillir à feu doux.

3. Rincer les concombres à l'eau froide et les égoutter soigneusement. Bien remplir des pots Mason de concombres, puis verser le vinaigre épicé bouillant sur le tout. Refermer les pots et laisser refroidir à température ambiante avant de réfrigérer.

NOTE

Cette technique convient à plusieurs légumes. Vous pouvez combiner 1 botte de radis en tranches, 1 botte de carottes en tranches et 2 choux-fleurs en petits bouquets pour confectionner des marinades mélangées.

Sauté de poulet et méli-mélo de légumes au sésame

4 PORTIONS | PRÉPARATION : 15 MIN | CUISSON : 20 MIN | MARINADE : AU MOINS 2 H

4	poitrines (suprêmes) de poulet, sans peau et désossées	4
2 c. à tab	sauce soya réduite en sodium	30 ml
2 c. à thé	mirin	10 ml
2 c. à tab	huile de canola	30 ml
1	gros céleri-rave, pelé	1
1 lb	champignons shiitake	450 g
2 c. à tab	huile d'olive	30 ml
2	échalotes françaises, en petits dés	2
3	gousses d'ail, écrasées en purée	3
3	endives rouges	3
2 oz	algues wakamé	60 g
1 c. à tab	huile de sésame	15 ml
1 c. à thé	beurre non salé, très froid	5 ml
	le jus de 1 citron	
1	botte de coriandre fraîche	1

1. Émincer les suprêmes de poulet en lanières de 2 po (5 cm). Dans un bol, combiner la sauce soya, le mirin et l'huile de canola, puis faire mariner le poulet pendant au moins 2 heures.

2. Couper le céleri-rave en dés de 1/4 po (5 mm) et réserver. Retirer et jeter les pieds des champignons. Couper les chapeaux en dés de 1/4 po (5 mm) et réserver.

3. Dans un poêlon, chauffer la moitié de l'huile d'olive à feu très doux. Ajouter les échalotes et l'ail, couvrir et laisser confire environ 7 minutes. Ajouter les dés de céleri-rave, augmenter à feu moyen-doux, couvrir et cuire environ 5 minutes, jusqu'à ce qu'ils soient tendres. Ajouter les champignons, couvrir et cuire 4 minutes.

4. Entre-temps, dans un autre poêlon, chauffer le reste de l'huile d'olive à feu vif. Faire griller les lanières de poulet sans les retourner afin d'obtenir un côté bien croustillant. Effeuiller les endives, trancher chaque feuille en deux, puis les ajouter au poulet lorsque celui-ci est presque cuit. Retirer le poêlon du feu et retourner les lanières de poulet pour finir la cuisson.

5. Ajouter les algues et l'huile de sésame à la préparation de céleri-rave. Incorporer le beurre et le jus de citron en mélangeant bien. Ajouter la coriandre. Répartir dans les assiettes et garnir du sauté de poulet. Servir aussitôt.

Tartes fines à la marmelade de champignons au balsamique

6 PORTIONS | PRÉPARATION : 30 MIN | RÉFRIGÉRATION : 24 H

1 t	lait 1 %	250 ml
1 c. à tab	curcuma	15 ml
2 c. à tab	sauce soya réduite en sodium	30 ml
1	bloc de tofu (1 lb/454 g)	1
2 ou 3	carottes, en tranches	2 ou 3
4 c. à thé	huile d'olive	20 ml

Pâte

1/2 t + 1 c. à thé eau froide		125 ml + 5 ml
4 c. à thé	huile d'olive	20 ml
1	pincée de sel	1
1 1/3 t	farine de blé entier	330 ml

Marmelade de champignons

4 c. à thé	huile d'olive	20 ml
2	gros oignons, émincés	2
4	gousses d'ail, écrasées	4
1/2	botte de thym frais, effeuillée	1/2
1	pincée de sel	1
8 oz	champignons de Paris	250 g
8 oz	*porcinis* (cèpes) surgelés	250 g
8 oz	pleurotes	250 g
1/4 t	sucre	60 ml
1 t	vinaigre balsamique	250 ml
1/2 t	vin rouge	125 ml

1. Pour la pâte : combiner l'eau, l'huile et le sel dans un bol.

2. Si on a un mélangeur muni d'un crochet à pâtisserie, verser la farine dans le bol et, tandis que l'appareil est en marche, verser graduellement le mélange liquide jusqu'à l'obtention d'une pâte homogène. (Si on travaille la pâte avec les mains, déposer la farine sur un plan de travail, faire un puits au milieu et verser le mélange liquide. Avec les doigts ou une spatule en bois, remuer le liquide en ajoutant graduellement la farine qui est autour pour obtenir une pâte homogène.)

3. Faire une boule avec la pâte, envelopper de pellicule plastique et aplatir légèrement en carré. Laisser reposer dans un four fermé.

4. Pour faire la marinade, faire chauffer légèrement le quart du lait, ajouter le curcuma et mélanger à l'aide d'un batteur à main ou d'un pied-mélangeur jusqu'à consistance homogène. Incorporer le reste du lait et la sauce soya.

5. Tailler le tofu en 6 tranches, déposer dans un bol, verser la marinade et réfrigérer 12 heures ou toute la nuit.

6. Pour la marmelade de champignons : dans une casserole, faire chauffer l'huile d'olive. Faire revenir les oignons, l'ail, le thym et le sel. Ajouter les champignons et faire dorer (cette étape exigeant un peu de temps, il est important de mélanger souvent).

7. Ajouter le sucre, mélanger et laisser caraméliser. Verser le vinaigre balsamique et le vin rouge, puis faire réduire jusqu'à ce que le mélange soit sirupeux. Verser dans un tamis posé sur un bol et réfrigérer pour faire égoutter. Une fois la marmelade refroidie, hacher les champignons de la grosseur d'un grain de riz. Réserver séparément le jus recueilli dans le bol.

8. Préchauffer le four à 325 °F (160 °C).

9. À l'aide d'un rouleau à pâtisserie, abaisser la pâte à tarte et la découper en 6 ronds de 6 po (15 cm) de dia-mètre à l'aide d'un emporte-pièce ou d'un verre. Transférer sur une plaque de cuisson tapissée de papier sulfurisé. Poser un emporte-pièce d'environ 5 po (13 cm) sur un rond de pâte et verser de la marmelade de champignons à l'intérieur en tassant bien. Répéter l'opération pour chaque rond de pâte. Cuire au four 25 minutes.

10. Entre-temps, cuire les carottes à la vapeur environ 10 minutes, jusqu'à tendreté. Réserver dans un bol recouvert de pellicule plastique.

11. Dans un poêlon, chauffer l'huile d'olive à feu doux et faire dorer les tranches de tofu de chaque côté.

12. Garnir chaque tartelette de tranches de carotte bien chaudes, puis laquer avec le jus réservé des champignons. Poser une tranche de tofu sur le dessus et servir.

PLAT PRINCIPAL

Morue de l'Atlantique au basilic

4 PORTIONS | PRÉPARATION : 20 MIN | CUISSON : 35 MIN

1/2 t	perles de tapioca	125 ml
4 c. à tab	huile d'olive extra vierge	60 ml
4	pavés de morue de l'Atlantique	4
1	bulbe de fenouil, coupé en quatre	1
3	courgettes vertes, en gros dés (le moins de graines possible)	3
2	bottes de basilic	2
1/2 oz	chorizo fort, en petits dés	15 g
1	bulbe d'ail confit*	1
1	poivron rouge, en gros dés	1
1 t	bouillon de légumes, chaud**	250 ml
1	citron confit, rincé (écorce seulement, coupée en petits dés)	1

1. Dans une casserole d'eau bouillante, cuire le tapioca environ 15 minutes, jusqu'à ce qu'il soit transparent. Rincer abondamment à l'eau et réserver. (Cette étape peut être effectuée jusqu'à 2 jours à l'avance, si désiré.)

2. Dans un bain-marie, chauffer 1 c. à tab (15 ml) d'huile et poêler la morue jusqu'à la cuisson désirée. Réserver au chaud. (On peut aussi choisir de cuire la morue à la vapeur.)

3. Entre-temps, cuire le fenouil et les courgettes à la vapeur.

4. Dans un mélangeur, combiner le basilic et 2 c. à tab (30 ml) d'huile d'olive. Mélanger juste ce qu'il faut pour bien combiner sans plus, sinon le basilic noircira. Réserver au réfrigérateur.

5. Dans le même poêlon, chauffer le reste de l'huile d'olive et poêler le chorizo, l'ail confit et le poivron. Ajouter les courgettes, le fenouil, le bouillon de légumes chaud et le tapioca, puis porter à ébullition. Dès l'obtention de petites bulles, ajouter le citron confit et la purée de basilic, puis réchauffer doucement.

6. Répartir le tout dans 4 bols creux et déposer les pavés de morue sur le dessus.

* Pour faire l'ail confit, préchauffez le four à 350 °F (180 °C). Coupez la tête d'un bulbe d'ail entier, non pelé. Enveloppez de papier d'aluminium et déposez dans un plat de cuisson. Parsemez de quelques gouttes d'huile d'olive et faites cuire au four 45 minutes. Retirez du four, laissez refroidir et pressez pour extraire les gousses confites.

** Vous pouvez utiliser le même type de bouillon de légumes que pour la recette de maquereau en escabèche à l'espagnole (voir page 173).

Maquereau en escabèche à l'espagnole

4 PORTIONS | PRÉPARATION : 30 MIN | CUISSON : 35 MIN | RÉFRIGÉRATION : 12 H MINIMUM

1	botte de carottes (4 ou 5)	1
1	botte d'oignons verts (4 ou 5)	1
1	fenouil	1
3 c. à tab	huile d'olive	45 ml
8 t	eau	2 L
1	clou de girofle	1
1	feuille de laurier	1
1	gousse d'ail entière, pelée	1
1	branche de thym frais	1
1	piment oiseau	1
10	feuilles de gélatine	10
1	cœur de céleri	1
1	oignon, en quartiers	1
1	gousse d'ail, hachée finement	1
1 c. à tab	pâte de tomates	15 ml
1/2 t	vin blanc	125 ml
1	bouquet de menthe	1
3 c. à tab	ketchup faible en sodium	45 ml
5	gouttes de tabasco	5
1 c. à tab	sauce Worcestershire	15 ml
1	maquereau*	1

1. Couper 1 carotte, les oignons verts et le fenouil en dés. Dans une casserole, chauffer 1 c. à tab (15 ml) d'huile d'olive et faire sauter les légumes coupés pendant 5 minutes. Mouiller avec l'eau, puis ajouter le clou de girofle, le laurier, la gousse d'ail, le thym et le piment oiseau. Cuire à petits bouillons 20 minutes. Retirer du feu et laisser infuser 10 minutes. Passer au tamis fin et jeter les légumes. Réserver le bouillon.

2. Dans un bol, recouvrir les feuilles de gélatine d'eau glacée et laisser gonfler.

3. Entre-temps, couper le reste des carottes et le céleri en rondelles. Dans une cocotte, chauffer le reste de l'huile d'olive et faire suer les carottes, le céleri, l'oignon et l'ail haché à feu doux et à couvert. Éviter de colorer.

4. Une fois que les légumes sont ramollis, incorporer la pâte de tomates, le vin blanc et la menthe, puis porter à ébullition. Ajouter le bouillon réservé et porter de nouveau à ébullition. Ajouter le ketchup, le tabasco et la sauce Worcestershire. Égoutter la gélatine et l'incorporer.

5. Déposer les filets de poisson dans un plat profond, verser le mélange de légumes bien chaud sur le tout et recouvrir de pellicule plastique. Laisser reposer à température ambiante environ 15 minutes, jusqu'à ce que le poisson soit cuit par le bouillon. Réfrigérer.

6. Sortir le maquereau dans sa gelée d'escabèche 10 minutes avant de servir.

* Demandez à votre poissonnier de lever les filets, d'enlever les arêtes et de couper les filets en deux dans le sens de l'arête.

Les oméga-3 et votre cœur

Qu'ils soient d'origine végétale ou marine, les acides gras polyinsaturés de la famille des oméga-3 ont plusieurs effets favorables sur la santé du cœur. Ils diminuent les risques de formation de caillots sanguins, aident à la régulation de la tension artérielle, protègent la paroi artérielle, abaissent le risque d'irrégularité ou d'arrêt cardiaque, en plus de jouer un rôle favorable sur certains cancers. Ils auraient même un effet bénéfique sur l'anxiété et la dépression. Les meilleures sources végétales d'oméga-3 sont l'huile de lin, l'huile de canola, la graine de lin moulue, la graine de chia, la noix de Grenoble, le soya et des dérivés (tofu, boisson de soya, fèves de soya rôties, etc.). Les oméga-3 de source animale se retrouvent principalement dans les poissons gras (saumon, truite, maquereau, sardine).

DESSERT

Crêpes aux bleuets et aux pistaches, petits pots de chocolat

8 PORTIONS | PRÉPARATION : 30 MIN | CUISSON : 45 MIN | REPOS : 1 H | RÉFRIGÉRATION : 1 H MINIMUM

Petits pots de chocolat

2 t	boisson de soya	500 ml
1 t	crème de soya	250 ml
4	œufs	4
2 c. à tab	sirop d'agave	30 ml
4 oz	chocolat noir 70 %, haché grossièrement	120 g

Compote de bleuets à l'érable

1 t	bleuets surgelés	250 ml
2 c. à tab	sirop d'érable	30 ml

Pâte à crêpes

3	œufs	3
1	pincée de sel	1
1 1/4 t	boisson de soya	310 ml
1 1/2 c. à tab	huile de canola	22 ml
	quelques gouttes d'extrait de vanille	
3/4 t	farine de blé entier	180 ml
1/2 t	pistaches, concassées très finement	125 ml

Garniture

	bleuets frais	

1. Pour les petits pots de chocolat : dans une casserole, chauffer la boisson et la crème de soya.

2. Dans un bol, fouetter ensemble les œufs et le sirop d'agave jusqu'à ce qu'ils blanchissent. Incorporer un peu du mélange de soya chaud et verser le tout dans la casserole. En remuant sans cesse, cuire sans bouillir jusqu'à l'obtention d'une crème anglaise.

3. Déposer le chocolat dans un bol, verser la crème anglaise et remuer délicatement jusqu'à consistance homogène. Verser dans 4 ramequins et réfrigérer. (Cette étape peut être effectuée la veille.)

4. Pour la compote de bleuets à l'érable : dans une petite casserole, combiner les bleuets et le sirop d'érable. Faire compoter à feu doux jusqu'à ce que les bleuets éclatent. Réserver au réfrigérateur.

5. Pour la pâte à crêpes : dans un bol, fouetter les œufs et le sel jusqu'à ce qu'ils soient mousseux. Incorporer la boisson de soya, l'huile de canola et la vanille. Verser la farine graduellement, en mélangeant pour obtenir une pâte homogène. Laisser reposer pendant 1 heure.

6. Dans un poêlon antiadhésif à peine huilé, verser une louche de pâte à crêpes à la fois, étendre, puis garnir de pistaches et de compote de bleuets. À l'apparition de bulles, retourner la crêpe et cuire l'autre côté. Rouler la crêpe cuite et répéter l'opération jusqu'à épuisement de tous les ingrédients. Réserver au réfrigérateur.

7. Pour servir, couper chaque crêpe en trois morceaux et garnir de bleuets frais. Accompagner d'un petit pot de chocolat.

Le goût
vient en goûtant

Que l'on soit un enfant ou un adulte, l'apprentissage des différentes saveurs et textures des aliments peut durer toute notre vie, quoique le défi ne soit pas le même selon l'âge.

Réfractaires à l'essai, les enfants ont parfois besoin qu'on leur présente un aliment jusqu'à une vingtaine de fois avant qu'il ne devienne familier et apprécié. Ne vous découragez donc pas! Présentez plutôt l'aliment sous toutes ses formes (entier, en purée, en rondelles ou en dés, par exemple), puis laissez le temps faire son œuvre. Pour transformer votre enfant en petit gourmet ouvert d'esprit, cette éducation alimentaire devrait être entreprise dès son plus jeune âge.

Pour les adultes d'aujourd'hui, le défi est tout autre. Soucieux d'adopter une alimentation plus saine, ils doivent plutôt « désapprendre » un penchant acquis et entretenu depuis leur tendre enfance en ce qui concerne les rehausseurs de goût que sont le sel, le sucre et le gras.

La saveur naturelle d'un aliment vous semble fade et sans goût? Résistez à l'appel de la salière et reprogrammez vos papilles en mode santé en rehaussant plutôt vos plats d'épices, d'aromates, de fines herbes fraîches ou d'un simple trait de jus de citron. Comme avec vos enfants, ne cédez pas au découragement et donnez-vous le temps d'apprendre à apprécier les aliments dans leur plus simple — et meilleure — expression. Votre cœur vous en remerciera.

Ne pas confondre
bio et *santé*

Au Québec, l'appellation biologique est réservée aux produits approuvés par des organismes de certification reconnus. Ces aliments doivent respecter des normes précises, comme l'absence de pesticides, d'hormones de croissance et d'antibiotiques. Les bénéfices environnementaux d'une telle production ne garantissent toutefois pas que ces produits sont tous bons pour la santé. En effet, *l'appellation bio ne contrôle pas la valeur nutritive du produit et peut donc être attribuée à un produit très gras ou très sucré.* Il n'existe actuellement aucune donnée suffisante prouvant la supériorité en nutriments des aliments issus de l'agriculture biologique. Qu'ils soient bios ou non, misez d'abord sur des aliments frais, peu transformés et ayant peu voyagé.

Ian Perreault

Ian Perreault Prêts-à-manger

1248, RUE BERNARD OUEST, MONTRÉAL 514 948-1248

Quand on lui demande de parler de lui, Ian Perreault se décrit comme un simple cuisinier, un titre auquel il tient férocement, beaucoup plus d'ailleurs qu'à celui de « chef ». Pourtant, nous voici en présence de l'une des grandes toques du Québec, qui s'est illustrée du Café Massawippi au Jongleux Café, en passant par Toqué! et le regretté Area, son premier resto en tant que propriétaire.

Aujourd'hui, ce jeune « cuisinier » a tourné le dos à la restauration pour se faire traiteur et, dit-il, profiter de la vie : « J'ai commencé à travailler à 14 ans, bossé dans 20 restaurants et cuisiné partout, du St-Hubert à la pizzeria du coin, avant d'étudier la cuisine évolutive à l'Institut de tourisme et d'hôtellerie du Québec. » Derrière son comptoir de traiteur de la rue Bernard, Ian Perreault n'a rien perdu de sa popularité et multiplie les apparitions à la télé.

Passionné de braisés, il peut passer trois jours à mitonner un fond de veau et ça se goûte! Épris de bio et de santé, son credo est simple : pour manger santé, il faut manger moins de tout. « Dans l'intimité, je cuisine selon les saisons en utilisant moins de gras, moins de sel et presque pas de sucre. Je n'ai aucun mérite, puisque je ne raffole pas des desserts. Je préfère de loin un bon poisson avec de l'huile d'olive et des légumes sautés. Et une bonne bouteille de vin... »

Pour nous, Ian Perreault revisite ici 10 recettes qui reflètent bien ses penchants culinaires, mais en version encore plus légère qu'à sa boutique. Pour goûter ses incontournables raviolis au canard confit, vous devrez toutefois vous offrir le détour par Outremont.

« Dans l'intimité, je cuisine selon les saisons en utilisant moins de gras, moins de sel et presque pas de sucre. Je n'ai aucun mérite, puisque je ne raffole pas des desserts. »

Divers

Betteraves aux trois marinades

Entrées

Soupe aux pois et au chorizo

———

Crevettes pochées à la citronnelle, jus de tomate au raifort

———

Lait d'asperge verte et de persil émulsionné à l'œuf mollet

Plats principaux

Blinis de chou-fleur, tartare de thon et yogourt à l'estragon

———

Bavette de bœuf marinée au poivre,
purée de chou vert et jus de carotte

———

Filets de doré, concassé de tomate et de mangue

———

Poisson blanc et légumes au gingembre en papillote

Desserts

Panna cotta à la vanille,
poêlée de petits fruits au sirop d'érable et à la menthe

———

Pain aux bananes à l'huile d'olive, moelleux au chocolat au lait

Betteraves aux trois marinades

4 À 8 PORTIONS | PRÉPARATION : 30 MIN | CUISSON : 1 H 30 MIN | MARINADE : QUELQUES JOURS

Betteraves au vinaigre de riz

1/4 t	sucre granulé	60 ml
1 2/3 t	vinaigre de riz	410 ml
4	anis étoilés	4
1	bâton de cannelle	1
2	feuilles de laurier	2
1	gousse d'ail non pelée	1
8	betteraves rouges moyennes, cuites et coupées en huit	8

Betteraves au vinaigre de vin blanc

1/4 t	sucre granulé	60 ml
1 2/3 t	vinaigre de vin blanc	410 ml
8	baies de genièvre	8
10	grains de poivre noir	10
3	branches de romarin frais	3
	le zeste râpé de 1 citron	
2	feuilles de laurier	2
1	gousse d'ail non pelée	1
8	betteraves jaunes moyennes, cuites et coupées en huit	8

Betteraves au vinaigre de vin rouge

1/4 t	sucre granulé	60 ml
1 2/3 t	vinaigre de vin rouge	410 ml
1/2 t	gingembre non pelé, en tranches	125 ml
1	bâton de citronnelle, en tranches	1
1	piment oiseau entier	1
2	feuilles de laurier	2
8	betteraves rouges moyennes, cuites et coupées en huit	8

1. La méthode est la même pour chaque version. Dans une casserole, combiner le sucre et le vinaigre, puis chauffer environ 10 minutes.

2. Ajouter les différents aromates et cuire à feu doux environ 5 minutes de plus.

3. Déposer les betteraves dans un contenant ou un pot Mason. Recouvrir du mélange vinaigré, refroidir à la température ambiante et déposer au réfrigérateur au moins quelques jours pour donner aux aromates le temps de s'exprimer.

ENTRÉE

Soupe aux pois et au chorizo

8 PORTIONS | TREMPAGE : 12 H | PRÉPARATION : 30 MIN | CUISSON : 2 À 3 H

Soupe aux pois et au chorizo

1 1/2 lb	pois secs pour soupe aux pois, qui ont trempé 12 h dans l'eau froide	750 g
1/4 t	huile d'olive extra vierge	60 ml
1/2 t	carottes, en macédoine	125 ml
1/2 t	oignons, en macédoine	125 ml
1/2 t	céleri, en macédoine	125 ml
4	feuilles de laurier	4
1/2	botte de thym frais	1/2
10	grains de poivre noir concassés	10
1/3 t	chorizo extrafort	80 ml
	eau froide	
1	pincée de sel et poivre	1

Huile de persil (facultatif)

1	botte de persil plat	1
1 t	huile d'olive extra vierge	250 ml

Si vous surveillez le gras dans votre alimentation, omettez l'huile de persil.

1. Pour la soupe aux pois et au chorizo : égoutter les pois et jeter l'eau de trempage. Dans une marmite, chauffer l'huile d'olive. Ajouter les légumes et cuire quelques minutes. Ajouter le laurier, le thym, le poivre et le chorizo, puis cuire quelques minutes, jusqu'à ce que le chorizo libère son gras.

2. Ajouter les pois et suffisamment d'eau froide pour les recouvrir d'au moins 3 po (8 cm). Cuire à feu doux environ 2 heures, jusqu'à ce que les pois soient bien éclatés.

3. Passer la soupe au robot culinaire pour obtenir la texture la plus lisse possible, puis passer au tamis fin avant de la remettre dans la casserole.

4. Quand la soupe est redevenue bien chaude, y verser quelques gouttes d'huile de persil, si désiré.

5. Pour l'huile de persil : Faire blanchir le persil 20 secondes dans une casserole d'eau bouillante salée. Refroidir dans un bol d'eau glacée, essorer dans un linge et hacher finement au couteau. Passer au robot culinaire avec l'huile d'olive jusqu'à l'obtention d'une huile très verte. Les morceaux de persil doivent être très fins. Macérer quelques heures à température ambiante et passer dans un filtre à café pour obtenir l'huile la plus claire possible.

ENTRÉE

Crevettes pochées à la citronnelle, jus de tomate au raifort

4 PORTIONS | PRÉPARATION : 30 MIN | CUISSON : 10 MIN

Crevettes pochées à la citronnelle

2	bâtons de citronnelle	2
1/2 t	gingembre non pelé, en tranches	125 ml
2	gousses d'ail, écrasées	2
	le jus de 1 citron	
2	anis étoilés	2
10	grains de poivre concassés	10
4 t	eau	1 L
20	crevettes crues de grosseur 16/20, décortiquées	20

Jus de tomate au raifort

3	grosses tomates bien mûres	3
1/4 t	raifort, haché	60 ml
2 c. à tab	vinaigre de riz	30 ml
	paprika fumé, au goût	
1/4 t	huile d'olive extra vierge	60 ml

1. Pour les crevettes pochées à la citronnelle : dans une casserole, combiner tous les ingrédients, sauf les crevettes. Porter à ébullition et cuire environ 3 minutes.

2. Ajouter les crevettes et pocher 5 minutes. Retirer du feu et laisser reposer dans le liquide pour qu'elles soient bien parfumées. Retirer du liquide et réfrigérer.

3. Pour le jus de tomate au raifort : passer les tomates entières au robot culinaire jusqu'à l'obtention d'une belle purée. Passer au tamis pour retirer les graines. Verser la purée dans une casserole, ajouter le reste des ingrédients, sauf l'huile d'olive, et cuire jusqu'à ce que le mélange ait réduit de moitié.

4. Verser le jus réduit dans un mélangeur et ajouter l'huile d'olive. Mélanger jusqu'à texture lisse et émulsionnée, puis laisser refroidir.

5. Servir les crevettes froides, accompagnées du jus de tomate au raifort.

ENTRÉE

Lait d'asperge verte et de persil émulsionné à l'œuf mollet

4 PORTIONS | PRÉPARATION : 20 MIN | CUISSON : 10 MIN

1	botte d'asperges vertes non épluchées, coupées grossièrement	1
4 c. à thé	huile d'olive extra vierge	20 ml
1/4	oignon, haché	1/4
3 t	lait 1 %	750 ml
1/2	botte de persil frisé, haché grossièrement	1/2
1	œuf mollet, coupé en morceaux	1
1/4 c. à thé	sel	1 ml
1	pincée de poivre	1

1. Dans une casserole d'eau bouillante légèrement salée, blanchir les asperges 3 minutes. Transférer dans un bol d'eau glacée pour arrêter la cuisson.

2. Dans une casserole, chauffer l'huile d'olive et faire suer l'oignon quelques minutes en évitant de faire colorer. Ajouter le lait et porter à ébullition.

3. Ajouter les asperges et le persil, puis saler et poivrer légèrement. Cuire de 4 à 5 minutes (éviter de trop cuire pour que les asperges ne perdent pas leur belle couleur verte).

4. Passer le tout au robot culinaire, puis au tamis pour obtenir une belle texture lisse. Remettre sur le feu, ajouter l'œuf mollet, puis émulsionner au pied-mélangeur pour bien faire mousser le tout. Servir.

PLAT PRINCIPAL

Blinis de chou-fleur, tartare de thon et yogourt à l'estragon

4 PORTIONS | PRÉPARATION : 30 MIN | CUISSON : 1 H

Blinis de chou-fleur

2/3 t	pommes de terre, cuites et réduites en purée	160 ml
1/2 t	chou-fleur, cuit et réduit en purée	125 ml
2	œufs, séparés	2
2	blancs d'œufs	2
5 c. à tab	mélange laitier pour cuisson 5 %	75 ml
3/4 t	farine tout usage, tamisée	180 ml
	poivre	
1 c. à tab	huile de canola	15 ml

Tartare de thon

10 oz	thon frais, en dés	300 g
1/2	botte de ciboulette, ciselée	1/2
2	échalotes françaises, hachées	2
	le jus de 1 citron	
2 c. à thé	huile d'olive extra vierge	10 ml
10	grains de poivre noir, concassés	10
1 c. à thé	moutarde de Dijon	5 ml

Yogourt à l'estragon

1/2	botte d'estragon frais	1/2
2/3 t	yogourt nature	160 ml
2 c. à thé	vinaigre de riz	10 ml
1	pincée de poivre	1

1. Préchauffer le four à 375 °F (190 °C).

2. Pour les blinis de chou-fleur : dans un bol, déposer les purées de pomme de terre et de chou-fleur, puis bien incorporer à l'aide du batteur électrique, à vitesse moyenne.

3. Ajouter les jaunes d'œufs un par un en les incorporant bien à l'aide du batteur électrique après chaque addition. Faire de même avec tous les blancs d'œufs.

4. Ajouter le mélange laitier en filet en procédant très lentement afin de permettre aux ingrédients de bien se mélanger. Incorporer la farine graduellement, puis le poivre. Le résultat doit ressembler à une pâte à crêpes très épaisse. Si la pâte est trop liquide, incorporer plus de farine.

5. Dans une poêle antiadhésive, à feu moyen, chauffer l'huile de canola. Déposer une grosse cuillerée de pâte pour chaque blini et cuire seulement d'un côté pendant 3 minutes. Cuire au four environ 3 minutes sans retourner.

6. Sortir les blinis du four, les retourner et les laisser reposer environ 2 minutes.

7. Pour le tartare de thon : combiner tous les ingrédients dans un bol et réserver.

8. Pour le yogourt à l'estragon : dans une casserole d'eau bouillante légèrement salée, blanchir l'estragon pendant 20 secondes. Refroidir dans un bol d'eau glacée, essorer avec un linge, hacher finement et transférer dans le robot culinaire.

9. Ajouter le reste des ingrédients, mélanger pour réduire l'estragon en purée et bien incorporer le tout.

10. Garnir chaque blini de tartare et décorer d'un trait de yogourt à l'estragon.

Bavette de bœuf marinée au poivre, purée de chou vert et jus de carotte

2 PORTIONS | PRÉPARATION : 30 MIN | CUISSON : 20 MIN | MARINADE : 1 H

20	grains de poivre noir, écrasés	20
1	pincée de poivre de Cayenne	1
2 c. à tab	huile d'olive extra vierge	30 ml
1	gousse d'ail, hachée	1
1	bavette de bœuf de 10 oz (300 g) environ	1

Purée de chou vert

1/2	chou de Savoie, défait en feuilles	1/2
1/4	botte de persil frisé	1/4
	poivre au goût	
2 c. à thé	huile d'olive extra vierge	10 ml

Jus de carotte

2 c. à thé	huile d'olive extra vierge	10 ml
1/4	oignon, haché	1/4
3/4 t	jus de carotte	180 ml
	poivre au goût	
1	jaune d'œuf	1

1. Dans un bol, mélanger les aromates, la moitié de l'huile d'olive et l'ail. Ajouter la bavette et laisser mariner au réfrigérateur pendant au moins 1 heure.

2. Dans un poêlon, chauffer le reste de l'huile et saisir la bavette de chaque côté à feu vif. (Il vaut mieux privilégier une cuisson mi-saignante ; une bavette trop cuite devient sèche et dure.) Laisser reposer quelques minutes.

3. Pour la purée de chou vert : dans une grande casserole d'eau bouillante légèrement salée, cuire les feuilles de chou 10 minutes. Refroidir dans un bol d'eau glacée et assécher minutieusement avec un linge.

4. Procéder de la même façon avec le persil en le faisant blanchir pendant 20 secondes seulement. Combiner le chou et le persil dans le bol du robot culinaire, poivrer au goût et mélanger jusqu'à l'obtention d'une purée lisse.

5. Incorporer l'huile d'olive, passer la purée au tamis fin et réserver.

6. Pour le jus de carotte : dans un poêlon, chauffer l'huile d'olive et faire suer l'oignon sans coloration. Ajouter le jus de carotte et laisser mijoter jusqu'à ce qu'il ait réduit de moitié.

7. Poivrer au goût, incorporer le jaune d'œuf, puis émulsionner à l'aide du pied-mélangeur pour produire un maximum de mousse.

8. Pour servir, couper la bavette en deux, en mettre un morceau dans chaque assiette et déposer une cuillerée de purée de chou à côté. Verser du jus de carotte sur la bavette.

La bavette étant une viande riche en gras saturés, mieux vaut la réserver aux occasions spéciales, surtout si vous avez des problèmes de cholestérol.

PLAT PRINCIPAL

||||||||||||||||||||||||||||||||||||||||||||||||||||||||||

Filets de doré, concassé de tomate et de mangue

||||||||||||||||||||||||||||||||||||||||||||||||||||||||||||||||||||||||||||||||||||||||||||||||||||||||||

4 PORTIONS | PRÉPARATION : 20 MIN | CUISSON : 10 MIN

3 c. à tab	huile d'olive extra vierge	45 ml
4	filets de doré de 4 à 5 oz (120 à 150 g) chacun, sans arêtes et avec la peau	4
1 c. à thé	cumin moulu	5 ml
1/4 c. à thé	sel	1 ml
	poivre	

Concassé de tomate et de mangue

4	tomates, épépinées et coupées en petits dés	4
1	mangue bien mûre, en petits dés	1
1/2	poivron rouge, en petits dés	1/2
1	piment oiseau, haché finement	1
2 c. à tab	gingembre frais, haché finement	30 ml
1/2	botte de coriandre, hachée	1/2
1	échalote française, hachée finement	1
1	pincée de sel et de poivre	1
1 c. à tab	huile d'olive extra vierge	15 ml
	le jus de 1 pamplemousse rose	

1. Dans une poêle antiadhésive, chauffer l'huile d'olive à feu moyen. Assaisonner les filets de doré de cumin, de sel et de poivre, puis déposer dans la poêle, côté peau dessous. Sans jamais retourner les filets, cuire en arrosant des gras de cuisson de temps en temps.

2. Pour le concassé de tomate et de mangue : dans un bol, combiner tous les ingrédients, sauf l'huile d'olive et le jus de pamplemousse. Saler, poivrer et bien mélanger.

3. Au moment de servir seulement, ajouter l'huile d'olive et le jus de pamplemousse au concassé et en garnir les filets.

Le sel naturellement présent

Environ 12 % du sel que nos consommons est naturellement présent dans les aliments. Certains aliments comme le caviar, le crabe, le homard, les moules et les huîtres contiennent jusqu'à 1 500 mg de sodium. De plus, lorsqu'on cuisine avec du fromage, la teneur en sodium d'une recette peut augmenter de façon substantielle selon la quantité ajoutée. Enfin, lorsque vous achetez du pain, soyez vigilant, car la teneur en sodium par tranche de pain peut varier considérablement selon les marques.

Poisson blanc et légumes au gingembre en papillote

4 PORTIONS | PRÉPARATION : 25 MIN | CUISSON : 15 MIN

1/3 t	huile d'olive	80 ml
4	filets de poisson à chair blanche de 5 oz (150 g) chacun	4
1	pincée de sel	1
	poivre	
4	tranches de gingembre	4
4	tranches de citron	4
4	tranches de lime	4
2 1/2 t	légumes de saison, au choix (poivrons, haricots verts, asperges coupées en deux, etc.)	625 ml
4	gousses d'ail	4
1/2 t	vin blanc	125 ml
4 c. à thé	échalotes françaises, en petits dés (brunoise)	20 ml
2 c. à thé	persil frais, haché	10 ml

1. Préchauffer le four à 450 °F (230 °C).

2. Au centre de 4 feuilles de papier sulfurisé, verser la moitié de l'huile d'olive. Sur chacune, déposer un filet de poisson en prenant soin de bien l'enduire d'huile des deux côtés.

3. Assaisonner d'une pincée de sel et de poivre, ajouter les tranches de gingembre, de citron et de lime.

4. Tailler les légumes en julienne ou en tronçons. S'il s'agit de légumes durs, comme les asperges, les blanchir 2 minutes dans une casserole d'eau bouillante légèrement salée.

5. Répartir les gousses d'ail et les légumes sur les filets. Verser le reste de l'huile d'olive, le vin blanc et les échalotes. Refermer le papier sulfurisé en papillote et cuire au four 14 minutes. Saupoudrer de persil et servir aussitôt.

Panna cotta à la vanille, poêlée de petits fruits au sirop d'érable et à la menthe

12 PORTIONS | PRÉPARATION : 10 MIN | CUISSON : 10 MIN | RÉFRIGÉRATION : 6 H

Panna cotta

2 1/2	sachets de gélatine (37 g, au total)	2 1/2
2 1/2 c. à thé	eau froide	12 ml
1	gousse de vanille entière	1
1 t	mélange laitier pour cuisson 5 %	250 ml
2/3 t	sucre blanc	160 ml
4 t	yogourt nature (biologique, de préférence)	1 L

Garniture

2	cassots de bleuets	2
2	cassots de framboises	2
2 c. à tab	huile d'olive	30 ml
1/4 t	sirop d'érable	60 ml
1/2	botte de menthe, ciselée	1/2

1. Pour la panna cotta : Dans un petit bol, faire gonfler la gélatine dans l'eau froide. Réserver.

2. À l'aide d'un couteau, fendre la gousse de vanille en deux sur la longueur, puis gratter l'intérieur pour prélever les graines.

3. Dans une casserole, porter à ébullition le mélange laitier, le sucre, la gousse et les graines de vanille. Ajouter la gélatine, retirer du feu et bien mélanger jusqu'à dissolution de la gélatine. Passer le liquide au tamis et incorporer le yogourt.

4. Remplir 12 verres ou coupes aux trois quarts avec la préparation et réfrigérer pendant au moins 6 heures.

5. Pour la garniture : dans une poêle, à feu moyen, poêler les petits fruits dans l'huile d'olive. Ajouter le sirop d'érable et laisser mijoter environ 10 minutes. Incorporer la menthe, retirer du feu et laisser refroidir.

6. Servir la panna cotta garnie d'une cuillerée de fruits poêlés.

195

DESSERT

Pain aux bananes à l'huile d'olive, moelleux au chocolat au lait

12 PORTIONS | PRÉPARATION : 30 MIN | CUISSON : 45 MIN

1 t	farine tout usage	250 ml
1 t	farine de blé entier	250 ml
2 c. à thé	levure chimique (poudre à pâte)	10 ml
1/2 c. à thé	bicarbonate de soude	2 ml
1/2 c. à thé	sel fin	2 ml
2/3 t	sucre granulé	160 ml
2	œufs	2
4 c. à thé	beurre non salé, ramolli	20 ml
1/3 t	huile d'olive extra vierge	80 ml
1 t	bananes bien mûres, en purée	250 ml
	le jus de 1 lime	
1	gousse de vanille	1

Moelleux au chocolat au lait (facultatif)

1 t	lait 1 %	250 ml
1/4 t	sucre	60 ml
1/2	gousse de vanille	1/2
3	jaunes d'œufs	3
14 oz	chocolat au lait 37 %, haché grossièrement	400 g

1. Préchauffer le four à 350 °F (180 °C).

2. Dans un bol, combiner les ingrédients secs, sauf le sucre, et réserver.

3. Dans un autre bol, à l'aide du batteur électrique, battre le sucre et les œufs jusqu'à ce qu'ils soient blancs. Ajouter le beurre et l'huile d'olive, puis battre de nouveau. Ajouter la purée de bananes et le jus de lime.

4. À l'aide d'un couteau, fendre la gousse de vanille en deux sur la longueur, puis gratter l'intérieur pour prélever les graines. Les incorporer au mélange de bananes.

5. Ajouter les ingrédients secs en deux fois. Mélanger juste ce qu'il faut pour tout incorporer et verser dans 2 moules à pain beurrés et farinés. Cuire au four environ 45 minutes. (Pour une touche particulière, remplacer la farine par du cacao pour fariner les moules.)

6. Pour le moelleux au chocolat au lait : commencer par faire une crème anglaise. Dans une casserole, porter à ébullition le lait, la moitié du sucre et la vanille.

7. Fouetter les jaunes d'œufs avec le reste du sucre.

8. Verser le tiers du lait bouillant sur les jaunes et battre, puis verser ce mélange dans la casserole. À feu doux, cuire en brassant constamment. Le mélange est prêt quand il nappe le dos d'une cuillère en bois ou atteint 185 °F (85 °C) au thermomètre à bonbons.

9. Passer dans un tamis fin au-dessus du chocolat au lait. Fouetter pour mélanger le tout, recouvrir d'une pellicule plastique et refroidir au réfrigérateur. Sortir quelques minutes avant de servir.

10. Couper des tranches de pain aux bananes et garnir d'une cuillerée de moelleux au chocolat au lait, si désiré.

Si vous surveillez le sucre et le gras dans votre alimentation, omettez ce moelleux au chocolat au lait.

Danny St Pierre

Auguste

82, RUE WELLINGTON NORD, SHERBROOKE 819 565-9559

Danny St Pierre l'avoue tout de go : il a choisi de devenir chef parce qu'il est très gourmand. Ses meilleurs souvenirs d'enfance sont presque tous intimement liés à la cuisine de sa mère et de sa grand-mère. Il est aussi un admirateur irréductible de Jehane Benoit.

Après avoir fait les grandes tables montréalaises, du Toqué ! au Laloux, le jeune chef a étonné tout le monde en déménageant ses pénates à Sherbrooke pour ouvrir Auguste, son premier restaurant en tant que chef propriétaire. « Sherbrooke est une grande petite ville et non une banlieue. Je voulais sortir de la métropole pour élever ma famille. Malgré des fonds limités, il m'était possible d'imaginer un très bon restaurant, en plein centre-ville, à l'abri des modes et des codes », explique-t-il.

Avec ses plats icônes comme la célèbre « poutine inversée », la salade tiède de langue de bœuf, le Pavlova aux petits fruits et l'incontournable pouding-chômeur, Auguste a fait sa marque en peu de temps et attire désormais des gourmets de toutes les régions du Québec, et même des États-Unis. Le chef entend nous épater tout autant avec Augustine, son deuxième établissement qui conjuguera à la fois restaurant, service de traiteur, atelier de production, salle de réception et école de cuisine.

Que pense-t-il de la cuisine santé, lui qui a déjà décrit sa table comme étant un lieu de rencontre entre la cuisine de camp de bûcherons et la gastronomie française ? Selon lui, il s'agit d'abord d'un défi social : « Les recettes santé sont trop souvent tristes. Je pense qu'il faut remettre du plaisir en bouche, cesser de déléguer la bouffe aux autres et se réapproprier le goût de cuisiner. » Voici comment...

Entrées

Bortch de ma grand-mère

Salade de chou-fleur et de pommes de terre rôtis, style aloo gobi

Soupe citronnée aux amandes et aux champignons

Oignons rôtis au quinoa, chèvre frais, jus de carotte à l'orange

Pierogi à la choucroute, oignons caramélisés et fromage blanc

Plats principaux

Cuisses de lapin braisées façon chasseur

Blanc de volaille poché, salade de tomates,
raisins secs et câpres

Spaghettis au pesto de brocoli et d'orange épicée

Desserts

Pouding de maïs aux pommes et aux canneberges

Tapioca crémeux et compotée de pruneaux au thé

« Je pense qu'il faut remettre du plaisir en bouche, cesser de déléguer la bouffe aux autres et se réapproprier le goût de cuisiner. »

ENTRÉE

Bortch de ma grand-mère

6 À 8 PORTIONS | PRÉPARATION : 20 MIN | CUISSON : 4 H 20

12 t	eau	3 L
1	rôti de palette de bœuf de 1 lb (450 g)	1
1	gros oignon, émincé	1
2	betteraves, râpées	2
2	carottes, râpées	2
1/2	chou blanc, émincé	1/2
1	bulbe d'ail, pelé et haché	1
1/2 c. à thé	graines de carvi	2 ml
1/2 c. à thé	sel	2 ml
	poivre noir du moulin, au goût	
6 c. à tab	yogourt grec nature 0 ou 1 %	90 ml
1	botte d'aneth hachée	1

1. Dans une marmite, faire chauffer l'eau jusqu'à ce qu'elle soit frémissante. À feu moyen-doux, cuire le bœuf pendant 4 heures.

2. Retirer le bœuf et dégraisser le bouillon en écumant le gras flottant à la surface à l'aide d'une cuillère.

3. Effilocher le bœuf en retirant le gras. Réserver.

4. Au bouillon, ajouter les légumes, l'ail et le carvi. Cuire jusqu'à ce que les légumes soient tendres. Ajouter le bœuf effiloché, saler et poivrer légèrement.

5. Servir le bortch dans des bols, puis garnir de yogourt et d'aneth.

Ce bortch nourrissant peut également être servi comme soupe-repas.

Salade de chou-fleur et de pommes de terre rôtis, style aloo gobi

4 PORTIONS | PRÉPARATION : 10 MIN | CUISSON : 20 MIN

8	pommes de terre grelots, blanchies avec la peau et coupées en quartiers	8
1	chou-fleur séparé en bouquets	1
2 c. à tab	huile de canola	30 ml
2 c. à tab	cari de Madras*	30 ml
1	pincée de sel	1
1	petit contenant de 3 1/2 oz (100 g) de yogourt nature 1 ou 2 %	1
	le jus de 2 citrons	
1/4 t	oignon rouge, ciselé	60 ml
1/4 t	feuilles de coriandre fraîche, ciselées	60 ml

1. Préchauffer le four à 400 °F (200 °C).

2. Sur une plaque de cuisson, mélanger les légumes avec l'huile de canola, le cari et le sel jusqu'à ce qu'ils soient bien enrobés.

3. Rôtir au four de 15 à 20 minutes ou jusqu'à coloration. Réserver pour servir à température ambiante ou réfrigérer pour servir froid.

4. Dans un petit bol, combiner le yogourt et le jus de citron.

5. Disposer les légumes dans 4 petits bols de service et napper d'un trait de sauce au yogourt. Parsemer d'oignon et de coriandre.

* Le cari de Madras compte parmi les caris indiens les plus forts. Vous pouvez le remplacer par un cari plus doux, si désiré.

Soupe citronnée aux amandes et aux champignons

4 PORTIONS | PRÉPARATION : 10 MIN | CUISSON : 10 MIN

4 t	boisson d'amande	1 L
1 1/2 c. à thé	sauce de poisson (nuoc-mâm)	7 ml
1	gousse d'ail, écrasée	1
4 c. à thé	gingembre frais, en purée	20 ml
1	pincée de poivre blanc	1
	le zeste râpé et le jus de 1 citron	
1	cassot de champignons de Paris, en tranches fines	1
1/3 t	oignons verts, ciselés finement	80 ml
1/3 t	amandes effilées, grillées	80 ml

1. Dans une casserole, porter à ébullition la boisson d'amande avec la sauce de poisson, l'ail, le gingembre, le poivre, le zeste et le jus de citron.

2. Bien émulsionner au pied-mélangeur.

3. Dans 4 bols à soupe individuels, répartir les champignons, puis verser le bouillon chaud. Garnir d'oignons verts et d'amandes, puis servir aussitôt.

ENTRÉE

|||||||||||||||||||||||||||||||||||||||||||||||||||||||||||||||||||||||||||||||||||||||||||||||||||||||||||||||||

Oignons rôtis au quinoa, chèvre frais, jus de carotte à l'orange

|||||||||||||||||||||||||||||||||||||||||||||||||||||||||||||||||||||||||||||||||||||||||||||||||||||||||||||||||

4 PORTIONS | PRÉPARATION : 15 MIN | CUISSON : 1 H 20 MIN

	gros sel	
4	oignons rouges moyens	4
3 c. à tab	huile d'olive	45 ml
	le zeste râpé de 4 oranges	
1	pincée de graines de carvi	1
2 t	eau	500 ml
3/4 t	quinoa	180 ml
3 1/2 oz	fromage de chèvre* frais	100 g
1 t	jus d'orange	250 ml
1 1/2 t	jus de carotte	375 ml
2 c. à tab	persil plat frais, ciselé	30 ml

1. Préchauffer le four à 350 °F (180 °C).

2. Étaler un lit de gros sel sur une plaque de cuisson. Ranger les oignons entiers et non pelés en utilisant le sel pour les stabiliser. Rôtir au four environ 1 heure ou jusqu'à tendreté.

3. Retirer du four, laisser refroidir et peler les oignons délicatement. Vider l'intérieur de chaque oignon en prenant soin de laisser au moins deux couches extérieures pour créer un contenant que l'on va farcir.

4. Dans une casserole, chauffer l'huile d'olive à feu doux. Ajouter la chair d'oignon, le zeste d'orange et les graines de carvi, puis faire rissoler doucement pour libérer les parfums du carvi.

5. Ajouter l'eau et le quinoa, puis cuire environ 15 minutes, jusqu'à tendreté du grain. Farcir les oignons du mélange de quinoa, couvrir de chèvre frais et faire dorer au four.

6. Entre-temps, dans une casserole, combiner le jus d'orange et le jus de carotte. À feu moyen-vif, faire réduire aux trois quarts jusqu'à consistance légèrement sirupeuse.

7. Servir chaque oignon dans un bol à soupe, entouré d'une louche de jus orange-carotte. Décorer de persil.

* Le chef recommande le fromage de chèvre québécois Le Tournevent.

Jus ou fruits entiers ?

Chaque Canadien consomme en moyenne 25 litres de jus par année, souvent pour compléter sa ration de fruits et légumes journalière. Si le jus fournit sensiblement les mêmes vitamines et minéraux que le fruit frais, il a aussi la même teneur en sucre, tout en étant toutefois dépourvu de fibres (même dans le cas des jus contenant de la pulpe). Comme un fruit moyen correspond à 1/2 tasse (125 ml) de jus, le fait de boire une bouteille de 12 oz (355 ml) de jus d'orange équivaut à manger trois oranges. Il devient alors facile de consommer rapidement beaucoup de sucre et de calories sans s'en rendre compte. Optez plutôt pour un vrai fruit chaque fois que vous le pouvez.

ENTRÉE

Pierogi à la choucroute, oignons caramélisés et fromage blanc

6 PORTIONS | PRÉPARATION : 30 MIN | CUISSON : 25 MIN

2 t	choucroute* légèrement essorée et hachée	500 ml
1/2	pomme de terre, bouillie avec la peau et écrasée	1/2
24	pâtes won-ton	24
1	gros oignon blanc, émincé	1
1/3 t	huile d'olive	80 ml
	poivre noir du moulin, au goût	
2/3 t	fromage blanc (de type Damablanc)	160 ml
1/2 t	ciboulette fraîche, ciselée	125 ml
	le zeste finement râpé de 1/2 citron	

1. Pour faire la farce, dans un grand bol, combiner la choucroute et la pomme de terre.

2. Étaler les pâtes won-ton sur une surface propre. À l'aide d'un petit pinceau, mouiller les bords avec de l'eau. Répartir la farce sur les pâtes et plier chaque pâte won-ton en deux en scellant les bords. À l'aide d'un emporte-pièce, tailler chacune en demi-lune (en gardant les bords bien collés) et réserver.

3. Dans un poêlon, faire rôtir l'oignon à l'huile d'olive pendant 15 minutes ou plus, jusqu'à l'obtention d'une caramélisation intense et bien ambrée.

4. Dans une grande casserole d'eau bouillante, faire blanchir les pierogi pendant 5 minutes. Bien égoutter et mettre dans le poêlon avec les oignons. Faire rissoler des deux côtés et poivrer généreusement.

5. Faire un long trait de fromage blanc au centre de chacune des assiettes de service. Dresser les pierogi sur le fromage, puis garnir de ciboulette et de zeste de citron. Servir aussitôt.

* Si vous utilisez de la choucroute en conserve, choisissez une marque réduite en sodium.

Cuisses de lapin braisées façon chasseur

4 PORTIONS | PRÉPARATION : 10 MIN | CUISSON : 2 H

4	cuisses de lapin	4
3 c. à tab	lardons	45 ml
8	échalotes françaises, pelées	8
2 t	dés de tomates en conserve sans sel	500 ml
1	grosse carotte, en rondelles	1
8	champignons shiitake séchés	8
8	gousses d'ail, pelées	8
2 t	vin rouge	500 ml
1 1/4 t	orzo	310 ml
1 c. à thé	huile d'olive	5 ml
2 c. à tab	persil frais, haché	30 ml

1. Préchauffer le four à 350 °F (180 °C).

2. Dans une cocotte allant au four, faire rissoler les cuisses de lapin et les lardons. Ajouter les légumes, l'ail et le vin rouge. Cuire au four pendant 2 heures.

3. Environ 20 minutes avant la fin de la cuisson du lapin, cuire l'orzo en suivant les directives du fabricant. Égoutter, huiler légèrement et incorporer le persil.

4. Servir les cuisses de lapin accompagnées de l'orzo persillé.

Blanc de volaille poché, salade de tomates, raisins secs et câpres

4 PORTIONS | PRÉPARATION : 10 MIN | CUISSON : 15 MIN

4 t	eau	1 L
1	oignon, en quartiers	1
1	gousse d'ail, pelée et hachée	1
4	poitrines de poulet sans peau	4

Salade de tomates, raisins secs et câpres

1/4 t	raisins secs	60 ml
2 c. à tab	câpres	30 ml
1/4 t	oignon rouge, haché	60 ml
1/4 t	vinaigre de vin rouge	60 ml
3 c. à tab	huile d'olive	45 ml
2	grosses tomates mûres, en quartiers	2
1	laitue romaine, en tronçons	1

1. Pour la salade de tomates, raisins secs et câpres : dans un bol, mélanger les raisins secs, les câpres, l'oignon, le vinaigre de vin et l'huile. Réserver. (Si on veut déguster la salade seule, ajouter les tomates et la laitue, puis servir.)

2. Dans une grande casserole, combiner l'eau, l'oignon et l'ail. Porter à ébullition et cuire 10 minutes. Plonger les poitrines de poulet dans le liquide et laisser bouillir doucement pendant 5 minutes.

3. Retirer la casserole du feu et laisser le poulet refroidir dans le bouillon.

4. Égoutter et trancher finement le poulet refroidi. Dans un grand bol, combiner tous les ingrédients et servir aussitôt.

PLAT PRINCIPAL

Spaghettis au pesto de brocoli et d'orange épicée

4 PORTIONS | PRÉPARATION : 10 MIN | CUISSON : 30 MIN

1	brocoli (bouquets seulement)	1
	le zeste râpé et le jus de 1 orange	
1	botte de persil plat, lavée et effeuillée	1
1/3 t	huile d'olive	80 ml
1	pincée de piments broyés	1
1/4 t	amandes effilées, rôties	60 ml
3/4 t	bouillon de volaille faible en sodium	180 ml
2 t	spaghettis, cuits al dente	500 ml
1/3 t	fromage pecorino, râpé	80 ml

1. À l'aide du robot culinaire, pulser les bouquets de brocoli jusqu'à ce qu'ils aient la consistance d'une semoule (couscous). Réserver.

2. Dans le robot culinaire, combiner le zeste et le jus d'orange, le persil, l'huile, les piments et les amandes. Pulser pour obtenir un beau pesto texturé.

3. Dans un wok, combiner le bouillon et la semoule de brocoli. Cuire jusqu'à ce que le liquide ait réduit de moitié. Ajouter les pâtes cuites et faire réduire jusqu'à évaporation presque complète du liquide.

4. Ajouter le pesto et bien mélanger pour enrober les pâtes. Répartir dans les bols, puis garnir de pecorino. Servir aussitôt.

Pouding de maïs aux pommes et aux canneberges

8 PORTIONS | PRÉPARATION : 15 MIN | CUISSON : 40 MIN

3	grosses pommes Cortland, pelées et coupées en dés	3
1/2 t	canneberges séchées	125 ml
2 c. à tab	sirop d'érable	30 ml
4	œufs	4
1/3 t	sucre	80 ml
1	pincée de sel	1
3/4 t	farine de maïs (masa harina)	180 ml
1/4 t	farine de maïs complète	60 ml

1. Préchauffer le four à 350 °F (180 °C).

2. Déposer les pommes, les canneberges et le sirop d'érable dans 8 ramequins ou bols de soupe à l'oignon.

3. À l'aide du batteur électrique, fouetter les œufs jusqu'à texture mousseuse. Ajouter le sucre et le sel en trois fois, en battant vigoureusement après chaque addition.

4. Incorporer les deux types de farine, diviser la pâte et verser dans les ramequins.

5. Cuire au four environ 40 minutes.

DESSERT

Tapioca crémeux et compotée de pruneaux au thé

8 PORTIONS | TREMPAGE : 1 H | PRÉPARATION : 5 MIN | CUISSON : 20 MIN | RÉFRIGÉRATION : 1 H

3 t	lait 2 %	750 ml
1/3 t	petites perles de tapioca	80 ml
1	gousse de vanille	1
1/3 t	sucre	80 ml
2	gros jaunes d'œufs	2
1/4 c. à thé	sel fin	1 ml

Compotée de pruneaux

2 t	eau bouillante	500 ml
1	sachet de thé Earl Grey	1
16	pruneaux dénoyautés	16
1/4 t	sucre fin	60 ml

1. Dans une casserole à fond épais, combiner 2 1/4 tasses (560 ml) de lait et les perles de tapioca. Faire tremper 1 heure.

2. Ouvrir la gousse de vanille en deux sur la longueur. Gratter l'intérieur pour recueillir les graines de vanille. Réserver le tout.

3. Dans un bol, fouetter ensemble 1/3 tasse (80 ml) de sucre et les jaunes d'œufs jusqu'à ce que le mélange commence à blanchir.

4. Combiner le reste du lait et tous les ingrédients du pouding au tapioca dans la casserole. À feu doux, cuire à frémissement pendant 30 minutes en brassant souvent. Retirer la gousse de vanille et répartir le mélange de tapioca dans 8 petits pots ou verrines.

5. Pour la compotée de pruneaux : dans une casserole, combiner l'eau bouillante et le thé. Faire infuser 5 minutes. Retirer le sachet, ajouter les pruneaux et 1/4 tasse (60 ml) de sucre, puis cuire 15 minutes à feu doux.

6. Faire refroidir les pruneaux. Garnir chaque pouding de 1 c. à tab (15 ml) de ce bon nectar.

Êtes-vous du type « thé » ?

Après l'eau, le thé vient au deuxième rang des boissons les plus consommées au monde. Bien qu'il en existe près de 1 500 variétés, il s'agit toujours d'une infusion des feuilles de l'espèce Camellia sinensis. Les opérations de transformation – séchage, torréfaction ou oxydation – donnent différents thés : blanc, jaune, vert, noir, oolong, fumé, pu erh, etc. Le thé contient des antioxydants de la grande famille des polyphénols, mais leur teneur varie en fonction de facteurs comme le climat, la saison, la variété, la fraîcheur et le mode de préparation. Notez que les tanins du thé diminuent l'absorption du fer contenu dans les végétaux ; il est donc recommandé de le boire environ deux heures après le repas, surtout si l'on est végétarien ou végétalien.

Vous n'aurez pas
besoin de toute
la quantité de
compotée pour ce
dessert. Utilisez le
reste en guise de
confiture maison.
Un délice !

Index

Entrées, salades et soupes

Plats principaux

Viandes

Volailles et petits gibiers

Desserts